民法

武川幸嗣

民法（'22）

装丁・ブックデザイン：畑中　猛

o-26

まえがき

　本書は，2022年に開講された専門科目「民法（'22)」の印刷教材として執筆したものである。本書の構成においては，2017年開講の「民法（'17)」の教材として刊行された旧版（円谷峻＝武川幸嗣『新訂　民法』）を維持したが，その内容に関しては全面的な書き換えを行った。主な改訂ポイントは以下の2点である。

　第一に，民法は条文数が多く，内容も多岐にわたるため，一層の平易化を図るべく，最低限把握しておくべき基本的事項の解説により重点を置くことに努めた。

　第二に，旧版の刊行後に相次いで実施された法改正に対応した。民法は近年大きな改正に直面しているが，本書は主として，①債権関係分野に関するものとして2017年に成立した，「民法の一部を改正する法律」（平成29年法律第44号）および「民法の一部を改正する法律の施行に伴う関係法律の整備等に関する法律」（平成29年法律45号）＜以下，本書では「2017年改正」として引用する。＞，②相続法分野に関するものとして2018年に成立した，「民法及び家事事件手続法の一部を改正する法律」（平成30年法律第72号）および「法務局における遺言書の保管等に関する法律」（平成30年法律第73号）＜以下，本書では「2018年改正」として引用する。＞を反映させたのに加えて，③物権法・相続法分野および不動産登記法等に関するものとして2021年に成立した，「民法等の一部を改正する法律」（令和3年法律第24号）および「相続等により取得した土地所有権の国庫への帰属に関する法律」（令和3年法律第25号）にも若干触れた。2017年改正については，旧版では改正法案の概要に関する紹介にとどめざるを得なかったが，本書の解説はすべて改正後

の条文を対象とするものである。

　民法の全容を一冊の書籍に集約して，「簡にして要を得た」解説を行うことは決して容易ではなく，また，民法全体の概説書としての本書の性質上，個々の問題点に詳しく立ち入ることは差し控えた。そのため，読者の皆さんには，解説中に取り上げた重要判例および，各章の末尾に上げた参考文献などにもトライしていただき，さらに学習を深めていただければ幸甚である。

2021年10月

武川　幸嗣

目 次

1 | 市民生活と民法

《目標＆ポイント》　民法とはどのような法律であるかについて正しいイメージをつかみ，民法の基本原理と全体像を把握する。
《キーワード》　私法，近代市民法，判例法，特別法，財産法の基本原理，信義則，権利濫用，法改正

1．民法とは何か

（1）私法の基本法としての民法

　私人間の法律関係を規律する法を総称して「私法」とよぶ。民法，商法，会社法，知的財産法などが私法に分類される。民法は，私人間の財産上の権利義務関係および親族間の法律関係を規律する法として，はじめに学ぶべき基本法・一般法である。

　私たちの社会生活・経済活動は，大小さまざまな取引によって成り立っているが，その権利義務の内容あるいは契約違反などをめぐってしばしば紛争が生じる。また，取引以外にも，交通事故に遭うなど他人から損害を加えられることもある。親族間においては，婚姻，親子関係，相続などが深刻な問題となる場合がある。民法はこれらに関する行為規範および紛争解決の基準を示す基本法である。

（2）近代市民法としての民法
（ⅰ）近代市民法とは　　日本は明治維新を契機として，富国強兵と不

平等条約の撤廃による近代化を目指したが，そのためには，近代社会を支える基盤となる法整備が急務であった。わけても民法は，互いに平等で自律した市民としての個人の自由な権利関係の創設を保障する近代市民法として，当初から重要な役割が求められていた。

その当時，近代市民法としての民法の象徴とされていたのは，市民革命を経て他国に先がけて1804年に制定され，ナポレオン法典とよばれたフランス民法典であった。

（ⅱ）民法典の制定　　近代化のための法整備を急ぐ明治政府は，外国人法律家を招聘（しょうへい）して法教育および法典編纂（へんさん）に着手した。民法についてはフランス人の法律家であるボワソナードに草案の起草を委嘱し，このボワソナード草案を和訳した法案が明治23年に公布された。ところが，夫婦関係などの親族関係に関する条文案が近代ヨーロッパ家族法に倣（なら）ったものであり，日本固有の家族観と異なるなど，日本の伝統的な価値観・慣行にそぐわない部分が少なくないとして，その施行に対して批判の声が上がり，施行延期派と断行派との間で激しい論争となった（法典論争）。明治政府は最終的にその施行を見合わせることとしたが，この法案は旧民法典とよばれている。

明治政府はその後，旧民法典の修正・再編を目指して，新たに梅謙次（うめけんじ）郎・富井政章（とみいまさあきら）・穂積陳重（ほづみのぶしげ）の3人の日本人を起草委員に任命した。これらの起草委員は，フランスのみならず，最新の近代法典として当時高く評価されていたドイツ民法典第一草案など諸外国の民法典をも参照しながら草案を起草し，この法案が明治29年に公布，同31年に施行されるに至った。これが現行民法典である。

なお，法典とは，体系的に編成・整備された条文の統合体を指す。後に述べるように，民法典については近年大きな改正が行われたが，その体系ないし編成を抜本的に変容させるものではない。

2.　民法の法源

（1）　成文法

　法規範がさまざまに具現化した形態を法源という。これには，法律として制定された成文法のほか，条文に書かれていない規範として，判例法と慣習法がある。

　成文法としての民法典が代表的な民法の法源であることは明らかである。民法上のルールを知るには，まず民法典の条文を参照することが求められる。

　民法典はすべての私人を対象とする基本ルールを定めているため，その適用範囲は広範かつ多様であり，その内容は一般的・標準的なものとなる。そこで，個々の適用対象の特色に応じて補充・修正するための特別ルールが必要となる。これを「特別法」という。これに対して民法は「一般法」である。多岐にわたる法を効率的に学習する上で，一般法と特別法の分類は重要である。民法の特別法としては，冒頭に挙げた商法，会社法のほか，一般法人法，区分所有法，借地借家法，消費者契約法，製造物責任法などがあり，これらについてもあわせて学ぶことが，民法の理解の充実化に資する。本書では必要に応じて特別法にも言及する。

（2）　判例法

　成文法の解釈および個々の紛争に対する運用に関する最高裁判所の判決を，判例という。同じ問題点に関する判例の集積を通して確立された最高裁の判断を判例法とよび，これが下級審裁判所をはじめとする実務に対して大きな影響をもつ。そのため，民法について形成された判例法も民法の法源といえる。判例法が後に立法化されることも多く，2017年

債権法改正の目的の一つが重要な判例法の明文化であった。

　最高裁は，5人の裁判官による3つの小法廷と，15人の裁判官全員による大法廷で構成されており，合議・多数決により判決が出される。審理は通常，小法廷においてなされるが，判例の立場の変更を検討する際には大法廷で行われる。

　本書においてもできる限り重要判例を取り上げる。なお，判例の引用は，裁判所・判決年月日・掲載を表記する。たとえば，「最大判昭和43年11月23日民集22巻12号2526頁」「最判昭和44年11月25日民集23巻11号2137頁」「最判昭和51年10月1日判時835号63頁」などである。「最大判」は大法廷判決の略称であり，「最判」は通常の小法廷判決を指す。また，「民集」は最高裁の判例委員会による公選判例集であり，「判時」は判例時報社から刊行されている私選判例集である「判例時報」の略称である。このほかにも，「判タ」（判例タイムズ）などがある。

（3）慣習法

　ある取引類型または業界あるいは地域において慣習として確立されたルールを慣習法という。成文法上のルールより優先して適用するのが実態に適うと解される場合または，成文法に明文規定がない場合に機能する。法の適用に関する通則法3条は，法律と同一の効力を有する慣習として，公の秩序または善良の風俗に反しない慣習のうち，①法令の規定により認められた慣習と②法令の規定されていない事項に関する慣習を挙げる。

　①につき民法典はたとえば，近隣の土地所有者相互の関係につき，民法の規定と「別段の慣習があるときは，その慣習に従う。」（217条），「異なる慣習があるときは，その慣習に従う。」と定めるほか，村落共同体などにおける共同所有地の利用につき，「各地方の慣習に従う」（263

条）と規定している。

②については，温泉使用の目的において他人の土地を排他的に利用する権利として，民法典に規定がない物権として判例が認めた温泉権（大連判昭和15年9月18日民集19巻1611頁），民法典に条文はないが金融取引において重要な役割を果たしている譲渡担保（第10章参照）などがある。なお，「大連判」は大審院連合部判決の略称であり，大審院は戦前の最上級審裁判所，連合部は大法廷にあたる。

3. 民法典の構成と民法の基本原理

（1）民法典の構成

（ⅰ）第1編（総則）　民法典の編成は，総則において共通ルールを頭出しした後に続けて，各則として場面に応じた個別ルールを設ける形式から成っている。総則を前置するメリットは，場面ごとに同じルールを重複して設置する非効率を回避することにある。もっとも，適用範囲が広範であるために抽象度の高い概念が多く用いられており，わかりにくいというデメリットもある。本書では平易な説明に心がけたい。

民法総則に設置された諸規定については，契約の種類などの発生原因が何であるかを問わずに，およそ財産上の権利関係が有効に成立するために必要な要件に関する共通ルールが，その主要部分を占めている。

これをうけて第2編以降においては，有効に成立した権利関係の特色に応じた個別ルールにつき，主要な財産権を物権と債権とに大別した上で配置されている。

第1編〜第3編をまとめて財産法と称し，第4編親族・第5編相続を総称して家族法とよぶ。

なお，本書の章立ては，具体的な問題に即して行ったものであり，民法典の編成に沿っていないことにつき，予めご理解いただきたい。

（ⅱ）**第2編（物権）**　物の支配を目的とする物権は，所有権およびそれ以外の他人の物を対象とする制限物権に大別され，制限物権はさらに用益物権・担保物権に分類される。

（ⅲ）**第3編（債権）**　人に対して一定の給付を求めることを目的とする債権については，総則に続けて各則として，債権の発生原因に応じて契約・事務管理・不当利得・不法行為に分かれている。

（ⅳ）**第4編親族・第5編相続**　親族編は，婚姻，夫婦，親子，親権，後見などについて定め，相続編は，相続人，相続分，遺産分割，遺言などについて規定している。

（2）民法の基本原理

（ⅰ）**財産法の基本原理**　民法上の諸制度は，以下に掲げる基本原理を適正に実現することを目的としている。そこで，それらについてはじめに学習しておこう。財産法の基本原理は，自律した市民としての個人の自由な経済活動を保障するための近代市民法ないし近代私法を基礎づけるものである。

　民法をはじめとする近代私法の3原則として，①私的自治の原則（契約自由の原則），②所有権絶対の原則，③過失責任の原則がある。これらにより，各人はもっぱらその意思に基づいて自由に財産上の権利関係を創設することができ，そして自己の意思に反して財産を失うことはなく，さらに自己の活動によって他人に損害を与えたとしても，それが過失によるものでない限り，民事上責任を負わない旨が保障されている。

（ⅱ）**契約自由の原則**　個人の自由な意思による権利関係の創設および変更を保障する私的自治の原則を契約の締結において反映させたのが，契約自由の原則である。ⅰ．契約締結の自由，ⅱ．相手方選択の自由，ⅲ．内容決定の自由，ⅳ．方式の自由の4つの意味を有する。すな

わち，原則として，誰とどのような内容および方式において契約を締結するかについては，各人の自由な意思決定に委ねられており，誰からも契約の締結を強制されることはない（521条，522条）。

　ところが，この原則は契約当事者が自由かつ対等な市民としての私人であることを前提とするものであるが，資本主義経済の下で社会的強者と弱者の格差が拡大すると，貸主─借主，雇用者─労働者，事業者─消費者間の契約などにおいて，当事者間の実質的不平等が次第に深刻化するに至った。このような取引類型において上記の原則を貫くと，一方当事者の側の自由のみが尊重され，不公正な契約の締結が助長されるという不都合が生じる。そこで，必要に応じて契約自由の原則を修正し，司法および立法の介入による是正が行われることとなった。前者は判例，後者が特別法の制定であり，特別法としては借地借家法，利息制限法，貸金業規制法，特定商取引法，消費者契約法，労働契約法などが重要である。

　したがって現代契約法においては，当事者の自由と取引秩序に適う公正の確保との調和を図ることが求められている。

（ⅲ）**所有権絶対の原則**　　個人所有権を保障するのが所有権絶対の原則であり，これにより各人は原則として，自己の所有物を自由に使用収益処分することができ（所有権行使の自由），自己の意思に反して所有権を奪われることはなく，国家であってもこれを侵すことはできない（所有権の不可侵）。

　もっとも，個人の所有権は，社会的利益および他者の所有権の自由との調和を図るため，不動産所有権を中心に一定の規制に服する。そこで民法は，所有権行使の自由を「法令の制限内に」制限する（206条）。たとえば，土地所有権の自由は隣地の所有権のために制限される（相隣関係に関する209条〜238条）。

　所有権を規制する法令には，正当な補償の下で公益事業のための土地等の収用および利用規制を認める土地収用法，都市計画法，建築基準法，さらには文化財保護法などがある。

（ⅳ）過失責任の原則　　個人の自由な活動を「裏」から保障するのが過失責任の原則であり，これが民事責任の基本原理である。すなわち，自己の行為の結果として他人に損害を蒙らせた場合，それが過失によるものであれば賠償しなければならないが，そうでなければ責任を負わなくてよい。それが対等な市民である加害者と被害者間の公平に資する。民法上の不法行為責任（第12章・第13章参照）はこの原則を基礎としている。

　しかしながら，科学技術の進歩にともない加害者―被害者の関係が多様化するにつれて，場面に応じて過失責任の原則を修正する必要が生じてきた。公害における企業の責任を無過失責任とする旨の大気汚染防止法，水質汚濁防止法，自動車の運行供用者の責任を強化する自動車損害賠償保障法，製造物事故における被害者保護のための製造物責任法などの特別法の制定による法的手当てがそれである。

（ⅴ）民法典が規定する基本原則　　民法上の諸制度の背景にある上記の３原則のほか，民法第１条は基本原則として，①私権の公共の福祉への適合（１項），②信義誠実の原則＜信義則＞（２項），③権利濫用の禁止（３項）について規定する。②③は民法典制定当初は存在していなかったが，昭和23年に新たに挿入された条文である。

　①は，所有権絶対の原則の例外としての所有権の規制などがその代表例となる。

　②は，主として契約当事者間の正当な信頼関係を維持・促進するために，権利の行使および義務の履行における信義誠実を求める原則である。柔軟な運用による当事者間の妥当な利益調整をもたらす一般規定で

あるため，判例はこの信義則を根拠として，具体的な明文規定がない場合であっても，個々の場面に応じて，不誠実な履行請求を制限したり，新たな義務を認めるなどしており，信義則が判例法の形成に大きく寄与している。信義則の機能については本書でも随所で紹介する。

　③は，形式的・外形的には権利の行使にあたるようにみえても，特定

Column

宇奈月温泉事件判決と権利濫用の要件

　Yは，宇奈月という温泉地において温泉を開設するために，源泉から本件引湯管を引いたが，本件引湯管はAの所有地の一部（以下，「本件土地部分」という。）をAの許可なく通っていたところ，この事実に目をつけた隣地の所有者Xは，Aから本件土地部分を買い取った上で，Yに対して同地を高値で買い受けるよう求めた。そしてYがこれを拒むとXはYに対し，本件引湯管が本件土地部分の所有権を侵害しているとして，所有権に基づく本件引湯管の撤去を求めて訴訟を提起した*。

　なお，本件土地部分の面積はわずか2坪であるのに対して，本件引湯管の撤去には多額の費用を要する旨が認定された。

　大審院は，①所有権の侵害の程度が軽微であり，所有権の行使を認めることによる利益が小さいのに比して，これを認めた場合における相手方の損失が過大であること（客観的要件），②所有者が不当な利益を得る意図を有していたこと（主観的要件）が認められる場合は，権利濫用にあたるとして，Xの請求を棄却した。

＊判例の事案に現れる登場人物の表記方法については，原告をX，被告をYとし，訴訟当事者以外の関係者については他のアルファベット（A，B，C……）を用いるのが通例である。

の場面においてその行使のしかたが実質的・個別具体的にみて保護に値しないと認められる場合，権利の存在そのものは否定せずに，当該場面においてその行使を認めない，という原則である。これも信義則と並んで重要な機能を果たしている。権利濫用禁止の法理は，確立されていた判例法（大判昭和10年10月5日民集14巻1965頁＜宇奈月温泉事件判決＞）を戦後になって明文化したものである。

4. 近年における民法改正

　民法典は制定から120年以上を経た現在，大改正の時代を迎えている。その目的は，社会の変容に対する呼応あるいは，判例法理の可視化などさまざまである。すでに行われた大きな改正として，2017年改正および2018年改正が挙げられるが，その後2021年改正が実施され，さらに法制審議会においては，親子法制，債権担保法制（動産担保・債権譲渡担保）の改正に向けて，2021年現在において審議が進められている。

　民法を学ぶに際しては，近代社会の象徴としての近代市民法に関する基本原則とともに，現代社会の発展ないし変容に対して，基本法としての民法が果たすべき役割にも留意する必要がある。

参考文献

・近江幸治『民法講義0　ゼロからの民法入門』（成文堂，2012年）
・河上正二『民法学入門〔第2版増補版〕』（日本評論社，2014年）

2 | 権利の主体（民法の担い手）

《**目標＆ポイント**》 私法上の権利義務の主体となる自然人および法人について，取引を行うための資格要件を中心に学習する。
《**キーワード**》 権利能力，意思無能力，制限行為能力者，成年後見，失踪宣告，法人，権利能力のない社団

1．権利主体としての人

　民法において「人」とは，私法上の権利義務の帰属主体を指す。人には，自然人（生きている人間）のほか，法律によって主体としての資格が与えられた一定の団体である法人（法がとくに人とみなす）が含まれる。

2．権利能力

　権利能力とは，私法上の権利義務の帰属主体となることができる地位また資格をいう。すべての自然人は，身分・性別・年齢・職業などに応じて制限されることなく，出生により等しく権利能力を有する（3条）。これを権利能力平等の原則という。したがって，たとえ乳幼児であっても，相続あるいは代理人が行った契約によって財産を取得することができる。なお，権利能力の終期は死亡であり，これにより主体を失った財産上の権利義務につきただちに相続が開始する（882条）。

　もっとも，権利能力を有するからといって，当然に誰もが自分で契約

を締結して財産を取得・管理・処分することができるかというと，それ
は別問題であり，取引社会のフィールドに立つための最低限の判断能力
が求められる。それが，以下で解説する意思能力および行為能力であ
る。

3. 意思能力

　自分の法律行為（契約など）の結果および意味を理解することができ
る判断能力を意思能力という。各人の自由意思に基づく権利義務の形成
を保証する私的自治の原則は，意思決定に必要な判断能力がある者を前
提とする。したがって，契約の当事者がこれを行う際に意思無能力であ
ったときは，その契約は無効となる（3条の2）。意思無能力者の例と
しては，精神能力が未成熟である年少者のほか，成年者であっても，認
知症の高齢者や精神上の障害を有する者，さらにはアルコール摂取など
により一時的に意思能力を失った者などが挙げられる。意思能力の有無
は予め形式的・画一的に定まるものではなく，当該行為の性質や種類な
どに応じて個別具体的に判断される。

4. 行為能力

（1）意義

　他人による監督・支援なしに意思決定を行い，単独で有効な法律行為
（契約など）を行うことができる資格要件を，行為能力という。民法
は，意思無能力を理由とする無効に加えて，さらに行為能力が制限され
る者について一定の保護を設けている。それは次の理由による。

　第一に，意思能力の有無は行為ごとに個別に判断されるため，当事者
は行為の当時において意思無能力であったことを後で具体的に証明しな
ければならず，また相手方の地位も不安定になる。第二に，意思能力を

有する者であっても，取引経験に乏しい未成年者など，保護に値する場合がある。第三に，意思無能力は当該行為が無効となるにとどまり，それ以上の支援のための制度的手当てはない。

　そこで，判断能力または取引経験が不十分であるのが通常と認められる一定の者を，制限行為能力者として予め定型化した上で，判断能力および保護の必要性の程度に応じて類型別に分け，意思能力の有無を問わずに，画一的かつ段階的に保護するための制度的手当てが行われた。

　制限行為能力者は，①未成年者，②被後見人（後見類型），③被保佐人（保佐類型），④被補助人（補助類型）の 4 類型に分類される。②③④をまとめて成年後見と称するが，判断能力不十分の程度に応じて類型化されている。主な保護は，ⅰ．本人が行った行為の取消しによる不利益防止，ⅱ．保護者による同意または代理による支援であるが，具体的な内容は類型ごとに異なる。本人の私的自治を可能な限り尊重しつつ，必要性の程度に応じて行為能力を制限するのが望ましいからである。

　なお，制限行為能力者の類型に属さない者については，意思無能力無効による保護によるべきことになる。

（2）未成年者

（ⅰ）**意義**　18歳に達しない者が未成年者にあたる（4 条〈施行は令和 4 年 4 月 1 日〉）。未成年者が制限行為能力者の一類型とされているのは，精神能力において未成熟な年少者だけでなく，意思能力はあるが取引経験が十分でない者を定型的に保護するためである。

（ⅱ）**親権者および権限**　未成年者の行為については，原則としてその父母が親権者となり（818条），親権者は法定代理人として子の財産について包括的な代理権を有するとともに（824条），子が行為するにつき同意権を有する（5 条 1 項）。親権および親権者については，さらに第

14章を参照されたい。

（ⅲ）**本人の保護**　　たとえば，未成年者が，銀行の預貯金に関する契約またはアパートに関する賃貸借契約あるいは，アルバイトのために雇用契約などを締結するには，予め親権者の同意を得るかまたは，親権者が代理してこれをしなければならず，親権者の同意を得ずに行った行為は，本人または親権者がこれを取り消すことができる（5条2項）。

　ただし，贈与を受けること（同項ただし書），および，小遣いで買い物をするなど処分が許された財産の処分（同条3項）については行為能力が制限されず，未成年者本人が単独でこれを有効に行うことができる。

（3）成年被後見人

（ⅰ）**意義**　　精神上の障害により事理弁識能力を欠く常況にあると認められる者が対象となる（7条）。重度の認知症に罹患した高齢者などがこれにあたる。症状に起伏があって時折判断能力が回復することがある場合も含まれる。

（ⅱ）**手続**　　精神上の障害があれば当然に成年被後見人となるわけではなく，本人または親族等の申立に基づいて，家庭裁判所による後見開始の審判を受けることを要する（7条，838条2号）。

（ⅲ）**後見人および権限**　　成年被後見人の保護者については，成年後見人が家庭裁判所によって選任される（8条，843条1項）。選任に際しては，本人の心身の状態ならびに生活および財産の状況，成年後見人となる者の職業および経歴ならびに本人との利害関係の有無，本人の意見その他一切の事情が考慮される（843条4項）。法人が成年後見人となることもできる。実際には，本人の親族のほか，弁護士・司法書士などの専門職あるいは社会福祉団体などが選任される場合が多い。

　また家庭裁判所は，必要があると認めるときは，成年後見監督人を選任することができる（849条）。

　成年後見人は法定代理人として本人の財産について包括的な代理権を有する（859条 1 項）。成年被後見人は予め同意を与えたとしてもその通りに行為することが通常期待できないため，成年後見人に同意権はない。

（iv）**本人の保護**　成年被後見人が他人と契約を締結するには，成年後見人が代理して行わなければならず，本人がこれを行った場合は，本人または成年被後見人が取り消すことができる（ 9 条本文）。

　ただし，日用品の購入など日常生活に必要な取引については行為能力が制限されず（同条ただし書），本人の私的自治が尊重される。

（4）被保佐人

（i）**意義**　精神上の障害により事理弁識能力が著しく不十分であると認められる者が対象となる（11条）。成年被後見人ほど重度ではないが認知症などにより，一定程度の判断能力はあるものの，重要な行為に

Column

身上監護と成年後見人の権限および義務

　成年後見人の代理権は，契約の締結など本人の財産に関する行為を対象とするものであり，身上監護（本人の生命，身体，健康，生活その他一切の身上の世話に関する決定および事務処理）は含まれない。しかしながら，介護や医療の現場において両者は密接に関連しており，その区別が明確でない場合が少なくないことから，成年後見人の権限および義務を柔軟に解すべき旨が主張されている。

ついては保護を要すると認められる者がこれにあたる。

（ⅱ）**手続**　　本人または親族等の申立に基づいて，家庭裁判所による保佐開始の審判を受けることを要する（11条，876条）。

（ⅲ）**保佐人および権限**　　被保佐人の保護者については，保佐人が家庭裁判所によって選任される（12条，876条の2第1項）。また家庭裁判所は，必要があると認めるときは，保佐監督人を選任することができる（876条の3第1項）。

　保佐人は，借財または保証，不動産その他の重要財産に関する行為，相続の承認・放棄・遺産分割など，法が定める重要な行為を本人が行うにつき同意権を有する（13条1項）。さらに家庭裁判所は，本人が特定の行為をするにあたり，保佐人に代理権を付与する旨の審判をすることができる（876条の4第1項）。何が特定の行為にあたるかについては法定されておらず，家庭裁判所が個別に判断する。

（ⅳ）**本人の保護**　　上記の法定の重要な行為につき，本人が保佐人の同意を得ずにこれを行った場合，本人または保佐人はこれを取り消すことができる（13条4項）。それ以外の行為については行為能力が制限されず，通常人と同じく本人の私的自治が尊重される。成年被後見人に比して制限が少なく，保護が限定されている。

（5）被補助人

（ⅰ）**意義**　　精神上の障害により事理弁識能力が不十分であると認められる者が対象となる（15条）。軽度の認知症などにより判断能力が通常人より劣るものの，被保佐人に比して高度であると認められる者がこれにあたる。

（ⅱ）**手続**　　本人または親族等の申立に基づいて，家庭裁判所による補助開始の審判を受けることを要する（15条1項，876条の6）。

（ⅲ）**補助人および権限**　　被補助人の保護者については，補助人が家庭裁判所によって選任される（16条，876条の7第1項）。また家庭裁判所は，必要があると認めるときは，保佐監督人を選任することができる（876条の8第1項）。

　補助人は，家庭裁判所の審判により，本人が特定の行為をするにつき同意権を有する（17条1項）。さらに家庭裁判所は特定の行為につき補助人に代理権を付与する旨の審判をすることができる（876条の9第1項）。

（ⅳ）**本人の保護**　　被補助人については，特に保護を要する特定の行為についてのみ行為能力が制限され，本人が補助人の同意を得ずにその行為を行った場合，本人または補助人はこれを取り消すことができる（17条4項）。何が特定の行為にあたるかについては法定されておらず，家庭裁判所が個別に判断する。それ以外の行為については，通常人と同じく本人の私的自治が尊重される。

5．相手方の保護

（1）意義

　制限行為能力者が行った契約などが後から取り消されると，その相手方は不測の損失を蒙ることになる。制限行為能力を理由とする取消しについては原則として本人保護が優先するが，定型化によって相手方の地位の安定化を図ることも制度趣旨に含まれており，相手方の利益との調和にも一定の配慮がされている。

（2）後見登記による公示

　未成年者については年齢確認により予め明らかとなるが，成年後見・保佐・補助についても後見登記による公示が行われる。その手続は，そ

れぞれの審判開始にともない，裁判所書記官の嘱託により，法務局が管轄する後見登記ファイルに必要事項を記載する方法による（後見登記法4条）。ただし，本人のプライバシー保護のため，登記事項証明書の交付を請求できる者は限定されている（同法10条）。

（3）催告権

　制限行為能力者の行為につき取り消すことができるにもかかわらず，取消しが行われない場合，相手方は不安定な地位に立たされる。そこで相手方は，本人の保護者または，未成年者が成年に達した後は本人に対して，一定の期間を定めて，その期間内に取り消すことができる当該行為を追認するか否かにつき（取消しおよび追認につき詳しくは第3章参照），確答すべき旨の催告をすることができ，その期間内に確答がないときは，追認したものとみなされる（20条1項・2項）。これにより当該行為は有効なものとして確定するため，もはや取り消すことはできない。

　また相手方は，被保佐人または被補助人本人に対しても，保護者の追認を得るべき旨の催告をすることができるが，催告期間内に追認を得た旨の確答がなかったときは，取り消したものとみなされる（同条4項）。

（4）制限行為能力者の詐術

　たとえば，未成年者が年齢を詐称して成年と偽って契約を締結した場合，後になって未成年者であることを理由とする取消しを認めて保護すべき理由はなく，成年者と信じて取引した相手方の利益を優先すべきである。そのため，制限行為能力者が行為能力者であることを信じさせるため詐術を用いたときは，その行為を取り消すことができない（21条）。

6.　任意後見

（1）　意義

　制限行為能力者制度による本人保護は法定後見であり，本人の意思にしたがって保護の内容が決定されるわけではなく，本人の判断能力が低下して保護の必要性が生じてから開始するものであるため，本人の意思が十分に反映されない法的手当てである。

　これに対して，本人が十分な判断能力を有している間に，将来病気や高齢化によってそれが低下した場合に備えて，本人自ら後見人を選任して自身の財産管理・身上監護を委任する契約を予め締結するためのしくみが，任意後見制度である。民法の特別法として1999年に制定された任意後見法（任意後見契約に関する法律。以下，本章では「法」として引用）がこれにあたる。本人の意思決定の自由が尊重される契約による支援である点が特色であるが，その生命・身体・財産に関する重要な事項に関する契約であるため，公的機関の関与を要する点にも留意されたい。

（2）　任意後見契約の成立要件

　任意後見契約とは，「委任者が，受任者に対し，精神上の障害により事理を弁識する能力が不十分な状況における自己の生活，療養看護及び財産の管理に関する事務の全部または一部を委託し，その委託に係る事務について代理権を付与する委任契約」をいう（法2条1号）。

　契約内容の重要性にかんがみて，その適正確保および紛争予防のために，この契約は要式契約とされており，公証人が作成する公正証書によって締結されなければならない（法3条）。そして公証人は，任意後見契約の登記を嘱託する（後見登記等に関する法律5条）。

（3）任意後見契約の効力

　任意後見人は本人が選任し，その権限については契約にしたがって決定される。

　任意後見契約は本人の行為能力を制限するものではなく，本人がこの契約に反する行為をしたとしても，制限行為能力を理由としてこれを取り消すことはできない。また，同一の本人について任意後見と法定後見が重複することはなく，任意後見契約が存する場合，法定後見は開始されない。その場合であっても，任意後見契約の内容が本人保護にとって不十分または不適切と認められるときは，家庭裁判所は後見・保佐・補助開始の審判をするとかでき（法10条1項），これらのうちいずれかが開始すると，任意後見契約は終了する（同条3項）。

7．不在者と失踪宣告

（1）不在者の財産管理

　従来の住所または居所を去って容易に帰来する見込みがない者を，不在者という（25条1項）。このような場合，不在者が従来の生活の本拠地に残した財産が放置されているため，その管理が問題となるが，本人がその財産の管理人を置かなかったときは，家庭裁判所は，利害関係人等の請求により，管理人を選任するなど，その財産の管理について必要な処分を命ずることができる（25条1項）。

（2）失踪宣告

（ⅰ）意義　　上記の不在者の財産管理は，本人が生存していることを前提してその財産保護を図るのが目的である。ところが，本人の生死不明が長期化すると，従来の生活の本拠地に残された財産や婚姻関係をいつまでも維持しなければならず，利害関係人が不安定な状態に置かれた

ままとなる。そこで，その住所地においては本人が死亡したものとみなして，相続の開始および婚姻関係の終了を認めるための制度が，失踪宣告である。官公庁による認定死亡（戸籍法89条）と異なり，死亡が明らかであることを理由とするのではなく，本人が従来の生活の本拠地に残した法律関係の安定化を目的とする制度である。

（ii）種類　　失踪宣告は，生死不明の原因に応じて2種類に分かれており，要件が異なる。

第一に普通失踪は，不在者の生死不明が7年間継続した場合に認められる（30条1項）。

第二に特別失踪は，船舶の沈没，航空機の墜落，遭難，災害などの特別な危難に遭遇したことを原因として，その危難が去ってから1年間生死不明である場合に認められる（同条2項）。

（iii）手続　　失踪宣告は，本人の生死不明の事実のみにより当然に効力が生じるのではなく，従来の生活の本拠地に残された家族などの利害関係人の請求により，家庭裁判所がこれを行う（同条1項）。

（iv）効力　　失踪宣告を受けた本人は，普通失踪においては期間満了時に，特別失踪の場合は危難が去った時に死亡したものとみなされる（31条）。これにより相続が開始し，婚姻関係は終了する。

（v）失踪宣告の取消し　　失踪宣告の後に本人の生存が明らかとなった場合，本人を死亡したものとして扱うべき理由が失われるが，失踪宣告の効果に基づいて行われた相続など，新たに生じた法律関係を容易にくつがえすべきではないため，次のような配慮が行われている。

第一に，本人または利害関係人の請求により，家庭裁判所は失踪宣告を取り消さなければならず（32条1項本文），取消しの宣告によって失踪宣告の効力は消滅する。

第二に，取消しは，失踪宣告後その取消し前に，本人の生存を知らず

に行った行為の効力に影響を及ぼさない（同項ただし書）。

8. 法人

（1）意義

　たとえば，A～Jの10名が共同事業を行うために甲団体を設立した場合において，その事業のために取得した財産または負担した債務については，A～Jの誰かまたは全員ではなく甲に属するものとして，各構成員個人の資産または債務と区別しなければ，円滑な活動に支障を来すであろう。そのためには，自然人だけでなく，甲のような団体にも権利義務の帰属主体としての地位または資格（権利能力）を認める必要がある。それが法人である。法人とは，法律の定めるところにしたがって「人」とみなされた一定の団体をいう。甲が法人であれば，甲の財産または債務はAらの個人財産とは別個独立のものとなる。

　自然人は誰でも等しく権利能力を有するが，法人は，その構成員とは区別された権利主体として認めるに値する実体を備えた団体でなければならない。そのため，法人は，民法その他の法律の規定によらなければ成立しない（33条1項）。これを法人法定主義という。

（2）法人の種類

（ⅰ）社団法人・財団法人　　会社など一定の目的のための自然人の集合体を社団といい，教育・医療・福祉など一定の目的のために拠出された財産の集合体を財団という。これにともない，社団法人と財団法人に分類される。

（ⅱ）公益法人・営利法人・非営利法人　　学術・技芸・慈善・祭祀・宗教その他公益を目的とする社団または財団法人を公益法人（学校法人，医療法人など），収益を目的とする事業を営み，その利益を構成員

に分配することを目的とする社団法人を営利法人という。たとえば，会社は営利社団法人である。

　営利を目的としない社団または財団法人を非営利法人という。このうち，公益法人認定法その他個別の特別法にしたがって公益性の認定を受けたものが公益法人となるが，公益・営利いずれも目的としない社団または財団（学会，スポーツ団体，自治会など）のうち，一般法人法にしたがって法人の設立手続を行ったもののほか，個別の特別法に基づく法人（NPO 法人，弁護士会，協同組合，労働組合，マンション管理組合など）も含まれる。

　なお，法人となるための要件および手続を充足していないが，社団としての実体を備えていると認められる団体を，権利能力のない社団という（第 6 章参照）。

参考文献

・山野目章夫『民法概論 1　民法総則』（有斐閣，2017年）
・四宮和夫，能見善久『民法総則〔第 9 版〕』（弘文堂，2018年）
・中舎寛樹『民法総則〔第 2 版〕』（日本評論社，2018年）
・佐久間毅『民法の基礎 1　総則〔第 5 版〕』（有斐閣，2020年）

3 | 法律行為

《目標&ポイント》 法律行為は民法総則の主要部分であり，取引の有効性に関する重要な概念である。具体例を念頭に置いて正確な理解に努めることが肝要である。

《キーワード》 意思表示，契約，公序良俗違反，強行法規，取締法規，心裡留保，虚偽表示，取引安全，錯誤，動機，詐欺，強迫，無効，取消し，条件，期限

1. 法律行為・意思表示とは

（1）法律行為・意思表示の意義

　一定の権利義務の発生等（法律効果）を欲してその旨を外部に表明することを「意思表示」という。そして，各当事者の意思表示によって構成され，その意思にしたがって権利義務の発生等をもたらす行為を，「法律行為」と称する。たとえば，売主と買主それぞれが契約を締結したい旨の意思表示を行い，その内容が合致することにより，売買契約という法律行為が成立する。なお，自動車の運転などは権利義務の発生を意欲する行為ではないため，法律行為ではなく，事実行為にすぎない。ある事実行為が不法行為として損害賠償責任を生じさせる場合があるとしても，それは意思に基づく効果ではない。

　私たちの日常生活および経済活動において行われているさまざまな契約が，法律行為の代表例であるが，その他にも，遺言，法人の設立行

為，取消権の行使などが法律行為に含まれる。

　抽象的な概念であるが，契約の効力を理解する上で必要不可欠である。本章では契約を中心として，法律行為および意思表示の有効性に関する民法総則の諸制度について学習する。

（2）法律行為・意思表示の有効性

　契約が有効であるということは，その実現に向けて裁判所を通して法の助力を得られること（履行を求めて法的手段に訴えることを認める）を意味する。契約の有効性を判断するにあたっては，第一に，契約（法律行為）の内容が社会秩序ないしは取引秩序あるいは法令に反していないか，第二に，その内容が各当事者の真意に合致しているか（私的自治の原則への適合性）が問われる。民法は，法律行為または意思表示が無効もしくは取消しの対象となる場合について，類型化して定めている。

2.　公序良俗違反・法令違反の法律行為

（1）公序良俗違反

　公の秩序または善良の風俗（公序良俗）に反する事項を内容とする法律行為は無効である（90条）。具体的にどのような事項が社会秩序ないしは取引秩序に反するかについては，時代や社会の要請に応じて変容するため，判例による柔軟な解釈・運用に委ねられている。判例法理を手がかりとして，主な場合を以下に列挙する。

（ⅰ）**正義の観念に反する行為**　殺人の請負や麻薬の売買など，犯罪の実現を内容とする契約は無効である。また，賭博行為や談合あるいは，優越的地位の濫用により，相手方の無知・無思慮または困窮に乗じて過大な対価を得る暴利行為（大判昭和9年5月1日民集13巻875頁），さらには，証券取引における損失保証契約（最判平成9年9月4日民集51巻

8号3619頁）は，経済秩序・競争秩序に反する不公正な契約として無効
となる。

（ⅱ）**人倫に反する行為**　　不倫関係の維持に対する対価の提供を目的
とする契約（大判昭和18年3月19日民集22巻185頁）や売春契約は，無効
である（最大判昭和45年10月21日民集24巻11号1560頁）。

（ⅲ）**基本的人権を害する行為**　　判例には，未成年の少女を酌婦とし
て稼働させる芸娼妓契約（最判昭和30年10月7日民集9巻11号1616頁），
男女別定年制を定めた会社の就業規則（最判昭和56年3月24日民集35巻2
号300頁）を無効と解したものがある。

Column

一般条項の意義と機能

　適用のための要件を具体化せずに抽象的な文言にとどめられてい
る条文を「一般条項」という。公序良俗違反規定のほか，信義則
（1条2項），権利濫用法理（同条3項）などがこれにあたる。どの
ような場合に適用されるかについては裁判所の解釈・運用に委ねる
趣旨に基づいている。ルールは明確かつ具体的であることが望まし
いが，そうすると適用場面が限定されるため，多様な事例に対し
て，また時代の要請や社会の変容に応じて柔軟に対応することが困
難となる。そこで重要な機能を果たすのが一般条項であり，その適
用に関して形成された判例法理が法改正または立法へと発展するこ
とも少なくない。

　だからといって，抽象的な一般条項ばかりではルールとしての見
通しが悪くなるため，個別規定とのバランスを図ることが大切であ
る点に留意されたい。

（2）法令違反

　取引に関する規定のうち，当事者の意思によってその適用を排除することができない規定を強行法規といい，強行法規に違反する契約または契約条項は無効である。たとえば，特定商取引法が定める消費者のクーリング・オフに関する権利を奪う旨の特約や，借地借家法に違反して賃借人に不利な特約などがこれにあたる。

　それでは，事業者に対する行政上の取締りを目的とする取締法規違反の契約は無効であろうか。判例には，食品衛生法が定める営業許可を得ずに行われた食肉の売買契約につき，同法の許可の有無はすでに締結・履行された契約の有効性に影響しないと解したものがある（最判昭和35年3月18日民集14巻4号483頁）。これに対して，食品衛生法に違反する有毒菓子の販売を無効とした判例もある（最判昭和39年1月23日民集18巻1号37頁）。

　取締法規違反の行為につき，これを有効とした上で，事業者を処罰することにより事後の抑止を図るにとどめるか，すべて無効とすべきかについては，一律に画定するのではなく，当該法規の趣旨および，違反行為の実現を防止すべき必要性と，これを無効とすることによって相手方が蒙る損失の程度との比較衡量に応じて決すべきであると解されている。

3. 心裡留保・虚偽表示

（1）私的自治の原則と取引安全の要請との調和

　たとえば，Aが自己所有の甲土地を売却する意思がないにもかかわらず，これをBに売却する旨の意思表示をした場合，このような真意に合致しない意思表示であってもつねに有効とすると，表意者Aは望まない契約に拘束されてしまい，その私的自治に反する。だからといって，そ

の意思表示の効力を一律に否定すると，今度は相手方Ｂの取引安全を害するおそれがある。Ｂが甲を第三者Ｃに転売した場合は，第三者の取引安全にも配慮する必要がある。なお，取引安全とは，自己の関知しない事情によって取引の効力がくつがえされる不安定の防止をいう。

　そこで，真意と異なる意思表示の効力については，表意者の態様ないし状況と，相手方の知不知ないし関与の有無によって，場合分けして規律する必要がある。

（2）心裡留保

　表意者が真意でないことを知りながら行った意思表示を，心裡留保という。上記の例において，甲を売るつもりがないのを承知の上で，ＡがあえてこれをＢに売却する旨の意思表示をした場合がこれにあたる。この場合，原則としてＡの意思表示は有効である（93条1項本文）。真意と異なる意思表示を故意に行ったＡの帰責性にかんがみて，その真意を知らずに契約を締結した相手方Ｂの取引安全を優先させる趣旨である。ただし，ＢがＡの真意を知っていたかまたは，知らなかったことにつき過失があった場合は，Ｂを保護する必要はないため，Ａはその意思表示ひいては売買契約の無効を主張することができる（同項ただし書）。もっとも，Ｂが事情を知らないＣに対して甲を転売したときは，ＡはＢに対する意思表示の無効を善意の第三者Ｃに対して主張することができない（同条2項）。

　第三者とは当事者以外の利害関係人をいう。また民法上善意とは，ある事実を「知らない」ことをいい，「知っている」ことを悪意という。善意・悪意という用語は，道徳的・倫理的な善悪とは異なる意味において用いられている。また，民法上しばしば善意無過失という用語が登場するが，ある事実を知らなかったことについて過失がなかったこと（過

失なく信頼したこと）を指し，善意有過失とは，善意であるが知らなか
ったことについて過失が認められることを意味する。いずれも，法律上
保護されるか否かの要件に関わり，重要な概念である。

（3）虚偽表示

（ⅰ）**意義および原則**　　相手方と通じて故意に行った真意と異なる意
思表示を，虚偽表示という。虚偽表示は無効となる（94条1項）。表意
者が真意と異なる意思表示を相手方と通じて行った場合は，心裡留保と
異なり，相手方も売買契約を締結する意思がないため，これを有効とす
る必要はない。

（ⅱ）**第三者保護**　　虚偽表示の無効は，善意の第三者に対して主張す
ることができない（同条2項）。上記の例において，AがBと通じて甲
に関する売買契約を仮装するために行った意思表示が虚偽表示の典型例
であるが，あわせてB所有名義の登記手続（不実登記）を行うことによ
り，虚偽の権利外観を作出するのが通常である。そうすると，このよう
な外観を信頼した善意の第三者がBから甲を買い受けるという事態が起
こり得る。このような場合，Aはその第三者に対して甲に関する所有権
の移転が無効であると主張することはできない。そのため，第三者は甲
の所有権を取得することができ，Aはこれを失うことになる。その趣旨
は，自己の意思に基づいて虚偽の権利外観を作出した表意者の帰責性に
かんがみて，善意の第三者の取引安全を図ることにある。

（ⅲ）**民法94条2項類推適用法理**　　94条2項は，真正な権利関係と異
なる不実登記が行われた場合における不動産取引の安全のために，重要
な役割を果たしている。上記の例において，甲が有効な原因によらずに
B所有名義で不実登記されてしまい，善意の第三者が甲を取得した場
合，AB間において虚偽表示が存在しないときであっても，そのような

不実登記をA自ら作出したかまたは，それを知りながら放置していた場合，判例は，94条2項類推適用によって善意の第三者保護を図っている（最判昭和45年9月22日民集24巻10号1424頁，最判平成18年2月23日民集60巻2号546頁）。この判例法理については第6章であらためて取り上げる。

　なお，「類推適用」とは，形式的には条文に定められた要件に合致しないが，類似する事例について同じように解決するのがその制度の趣旨に適うと認められる場合に，その制度を適用することをいう。

4．錯誤

（1）意義および分類

　錯誤による意思表示とは，誤表または誤った事実認識などに基づいて，真意と異なる意思表示をそれとは知らずに行うことを指す。このような意思表示は，表意者において取り消すことができる（95条1項本文）。そのための要件に先立って，錯誤の種類について確認しておこう。

（ⅰ）**表示の錯誤**　　意思表示の内容に対応する意思に欠ける場合（表示に対応する意思の不存在）をいう（95条1項1号）。上記の例において，Aが実は乙土地を売るつもりが，誤って甲を売却する旨の意思表示をしてしまった場合（甲を売ると表示したがその意思はない）などがこれにあたる。

（ⅱ）**基礎事情錯誤**　　表意者が法律行為の基礎とした事情に関する誤認による錯誤を指す（同項2号）。上記の例において，Aが甲土地を売却する旨の意思表示を行うに際して，同地の付近に廃棄物処理場ができる計画がある旨の認識に基づいて意思決定したのであるが，実はそのような計画は存在しなかったという場合などがこれにあたる。表示に対応する意思（甲を売る意思）は存在するが，その意思決定の動機において錯誤がある。目的物や代金額（何をいくらで売るのか）は契約上の権利

義務内容であり，意思表示の内容となるのに対して，上記のような事情
（なぜ売るのか）は一方当事者の側の動機にすぎず，当然に意思表示の
内容となるものではないが，表意者においてとくにその動機を契約締結
の前提として意思表示したときは，法律行為の基礎事情にあたる。

（2）要件

　どのような場合において錯誤による意思表示を取り消すことができる
か。心裡留保や虚偽表示と違って表意者を保護する必要があるが，相手
方の取引安全との調和に配慮しなければならない。

（ⅰ）**重要な錯誤**　　その錯誤が，契約などの法律行為の目的および取
引上の社会通念に照らして重要と認められるものでなければならない
（95条1項本文）。軽微な錯誤であっても取り消すことができるとする
と，相手方の取引安全を過度に害するからである。

（ⅱ）**基礎事情の表示**　　法律行為の基礎事情に関する錯誤について
は，その事情が法律行為の基礎とされていることが相手方に表示されて
いなければならない（95条2項）。表意者がどのような事情に基づいて
契約を締結したのかにつき，相手方が知らない場合に取消しを認める
と，予期しない損失を蒙るおそれがあるからである。そのため，取消し
が認められるには，どのような事情を前提として契約を締結するのかに
関する当事者双方の共通認識があり，かつその事情に関する錯誤が重要
なものでなければならない。

（ⅲ）**表意者に重過失がないこと**　　たとえ重要な錯誤であっても，そ
れが表意者の重大な過失によるものであった場合は，相手方の犠牲にお
いて保護する必要はないため，取消しはできない（95条3項本文）。た
だし，①相手方が表意者の錯誤を知り，または重大な過失によって知ら
なかったとき（同項1号），②相手方も同じ錯誤（共通錯誤）に陥って

いた場合（同項2号）はこの限りではない。このような場合にまで意思表示を有効として相手方を保護すべき理由がないからである。

（3） 第三者の保護

　錯誤を理由とする取消しが認められる場合であっても，善意無過失の第三者に対してこれを主張することはできない（95条4項）。錯誤と関係のない第三者の取引安全を図るためである。上記の例において，Bが甲をさらに転売した場合，ＡＢ間の売買契約が取り消されると，ＣがBから取得した所有権もくつがえされて，Aの錯誤の事実を過失なくして知らずに取引したＣの取引安全が害されるため，これを防止する必要がある。

5.　詐欺・強迫

（1） 詐欺

（ⅰ）意義　　他人の違法な関与によって真意と異なる意思表示が行われる場合もある。それが詐欺および強迫による意思表示である。このような意思表示は，取り消すことができる（96条1項）。

　詐欺とは，他人を欺いて錯誤に陥らせて，その錯誤によって意思表示をさせる態様である。上記の例において，AがBに騙されて甲を売却した場合がこれにあたる。虚偽の陳述を故意に行った場合はもちろん，意思決定に必要な事実を告知することが法律または信義則上義務づけられている場合において，これを故意に黙秘した場合，沈黙も詐欺にあたる。

（ⅱ）要件　　取消しの要件は，①他人を錯誤に陥れようとする故意に基づく欺罔行為の存在，②欺罔行為が取引上の社会通念に照らして許されない程度に違法なものであり，③これに表意者が錯誤に陥って意思表

示をしたことである。

　表意者の側からみれば詐欺による意思表示も錯誤の一種であるが，違法な欺罔行為の存在が要件となる反面，相手方の取引安全に配慮する必要がない点において，錯誤の場合と異なる。

（ⅲ）**第三者の詐欺**　相手方ではなく第三者が詐欺を行った場合，相手方がその事実を知っていたかまたは，知らなかったとしてもそのことについて過失があるときは，取り消すことができる（96条2項）。

（ⅳ）**第三者の保護**　詐欺を理由とする取消しが認められる場合であっても，善意無過失の第三者に対してこれを主張することはできない（96条3項）。錯誤取消しの場合と同じく，詐欺と関係のない第三者の取引安全を図るためである。上記の例において，Bが甲をさらに転売した場合がこれにあたる。

（2）強迫

（ⅰ）**意義**　強迫とは，他人に対して害悪を与える旨を示して畏怖を生じさせ，その畏怖によって意思表示をさせる態様である。BがAを脅して甲土地を処分させた場合がその典型例である。

（ⅱ）**要件**　取消しの要件は，①違法な強迫行為により表意者に畏怖を生じさせたこと，②畏怖に基づいて表意者が真意と異なる意思表示をしたことである。

（ⅲ）**第三者との関係**　他人の違法な関与によって表意者が真意と異なる意思表示を行ったことが詐欺の場合との共通点であるが，強迫された表意者は意思決定の自由を奪われているため，詐欺に比してより厚く保護する必要がある。詐欺の場合との相違点は次の2点である。

　第一に，強迫を行ったのが第三者であっても，表意者は相手方の知不知にかかわらず意思表示を取り消すことができる。

第二に，強迫を理由とする取消しは，善意の第三者であっても保護されない。

すなわち，強迫においては，表意者保護の要請が相手方および第三者の取引安全に優先するのである。

6. 無効および取消し

（1）意義

これまで，法律行為および意思表示が無効または取消しの対象となる場合について説明してきたが，無効および取消しの意味についてまとめて解説しておこう。両者の共通点と相違点を把握することが重要である。

（2）無効

無効とは，法律行為または意思表示の効力が初めから確定的に発生しないことをいう。契約上の権利義務が発生しないため，当事者はその履行を免れ，すでに履行していた場合は，受け取った物または代金を返還するなど，原状（契約が締結されなかった元の状態）に回復しなければならない（121条の2）。

無効な行為は，当事者がこれを追認することによって有効なものとすることはできない（119条本文）。たとえば，公序良俗違反の契約は，たとえ当事者がその実現を欲してこれを追認したとしても，無効なままである。ただし，当事者が無効であることを知って追認したときは，それが新たな行為として有効となる場合がある（同条ただし書）。たとえば，虚偽表示による契約を当事者があらためて追認した場合，それが新たな契約を締結する真意に合致する意思表示として有効となり得る。

（3）取消し

　取消しとは，一旦有効に成立した行為につき，その効力を後からくつがえすことをいう。取消しの対象を「取り消すことができる行為」とよび，取消しの方法は，取消権を行使する旨の相手方に対する意思表示によって行う（123条）。取消権を有するのは，表意者およびその代理人もしくは表意者の地位を承継する相続人である（120条）。

　取り消すことができる行為は，取り消すまでは一応有効であり，取消しによって初めから無効であったものとみなされる＜遡及的無効＞（121条）。そのため，取消しが行われた場合は無効と同じ状態となるが，取り消すかどうかは取消権者の自由であり，取り消さなければ有効なままである。取消しをせずに有効に維持したい場合は，追認により取消権を放棄してもよい。このように追認と取消しは表裏の関係にあり，追認の方法は，取消しと同じく相手方に対する意思表示によって行う（123条）。その場合，当該行為は確定的に有効となる。この点が無効とは異なる。

　追認は，取消権者において取り消すことができる状態になってからこれをしなければならない（124条）。たとえば，錯誤・詐欺の場合は表意者がその事実を知った時，強迫の場合は表意者が畏怖状態から脱した時がこれにあたる。

　取消権を行使するか，追認するかに関する自由がいつまでも認められるとすると，相手方の地位が不安定となるため，取消権の行使期間（第11章参照）が制限されており（126条），期間経過により取消権は消滅して，当該行為は確定的に有効となる。

7. 条件・期限

(1) 条件

　法律行為の効力の発生または消滅を，将来発生するかどうかが不確実な事実の成否にかからしめることがある。この発生不確実な事実を条件という。停止条件と解除条件の2種類がある（127条）。

(ⅰ) 停止条件　　ある事実が発生するまで法律行為の効力を停止する場合，この事実を停止条件といい，条件が成就したときに効力が発生する。たとえば，入学試験に合格したら時計を贈与するとか，貸金の返済ができないときは家宝の絵画を弁済に代えて給付する旨の契約は，停止条件付きの法律行為である。

(ⅱ) 解除条件　　ある事実の発生をもって法律行為の効力を消滅させる場合，この事実を解除条件といい，条件の成就により効力が消滅する。たとえば，落第した場合は返還すべきことを留保して時計を贈与する旨の契約は，解除条件付きの法律行為である。

(2) 期限

　将来到来することが確実な事実を期限という。債務の履行期限がその代表例である。期限が到来するまで債権者はその履行を請求することができない（135条1項）。債務者の側からみれば，期限の到来までその履行について責任を負わない。これを期限の利益という（136条1項）。期限の利益はこれを放棄することができる（同条2項）。

　到来する期日が予め確定している場合を確定期限，保険金債権の履行期限を被保険者の死亡時と定めるなど，いつ到来するかが不確定である場合を不確定期限という。

参考文献

・山野目章夫『民法概論 1　民法総則』（有斐閣，2017年）

・四宮和夫，能見善久『民法総則〔第 9 版〕』（弘文堂，2018年）

・中舎寛樹『民法総則〔第 2 版〕』（日本評論社，2018年）

・佐久間毅『民法の基礎 1　総則〔第 5 版〕』（有斐閣，2020年）

4 | 代理による法律行為

《目標＆ポイント》 日常生活および経済活動においては，しばしば契約の締
結などを他人に委ねることがある。これを代理による法律行為という。この
ような法律行為が有効に行われるためには，どのような点に留意が必要であ
るか。本章は代理制度を把握することを目的とする。
《キーワード》 代理人，代理行為，代理権，任意代理，法定代理，顕名，有
権代理，無権代理，表見代理，代理権の濫用，利益相反行為

1．代理制度

（1）代理の意義

　本人以外の他人（代理人）が，本人の名において（本人がその当事者
の地位に立つものとして）法律行為を行うことを代理という。契約はつ
ねにその当事者となる本人自身が締結することを要しない。たとえば，
当該取引に関する専門家または信頼できる他人を代理人として契約の締
結を委ねる場合や，経済的利益の拡大を図るために多くの代理人を用い
て取引する場合（営業のための取引など）のほか，本人保護のために法
律によって特定の他人にその代理人の資格が与えられる場合などがあ
る。代理は，本人の私的自治の拡張および補充のための法的手段として
重要な役割を果たしている。

　代理においてまず理解すべきは，契約の締結すなわち法律行為を行う
のは代理人であるが，代理人が相手方との間で行った契約の効果は，本

人に直接帰属することである（99条1項）。すなわち，契約当事者としての権利義務は代理人ではなく本人に帰属する。

（2）代理行為と代理権

　甲土地を所有するAがこれを売却するにあたり，Aに代わってBがCとの間で売買契約を締結した場合，Aが本人，Bが代理人，Cが相手方となる。本人と代理人の関係を代理関係といい，本人に代わって法律行為を行う代理人の権限を代理権という。そして，代理人が相手方との間で行う法律行為を代理行為と称する。

（3）代理の種類

（ⅰ）任意代理と法定代理　　代理は，特定の他人に代理権が与えられる根拠に応じて，任意代理と法定代理に分類される。第一に，法律行為を本人自身が行うか，代理人に委ねるかについては，原則として本人の自由であり，本人の意思にしたがって代理権が授与される代理形態（委任による代理）を任意代理という。第二に，法律が定めるところにしたがって代理権が与えられる代理形態を法定代理という。未成年者・成年被後見人などの制限行為能力者保護を目的とする代理がその代表例である（第2章参照）。その他，行方不明者などの不在者のための財産管理人（25条）や，相続人不明の場合における相続財産管理人（952条）などがある。

（ⅱ）復代理　　代理人がさらに代理人を選任して代理行為を行うことを，復代理という。任意代理人は，本人の許諾を得たときまたは，やむを得ない事由があるときに限り，復代理を行うことができる（104条）。これに対して法定代理人は，自己の責任において復代理人を選任してよい（105条）。法定代理人は本人から委託を受けたのではなく，法律の規

定にしたがって裁判所から選任された者であり，包括的な権限を有する
ことから，広い裁量が認められている。

　復代理はいわば「代理の代理」であるが，復代理人は代理人の代理人
ではなく，本人の代理人として，代理人と同一の権限に基づいて代理行
為を行う（106条）。そのため，Aの代理人Bが復代理人Cを選任してD
との間で代理行為を行う場合，CはBではなくAの代理人として行為す
べきことになる。もっとも，本人と復代理人との間には直接の代理関係
がないため，たとえば，CがDから受領した代金をBに引き渡したが，
BがAに引き渡さなかった場合，CはAに対してなお責任を負うのかが
問題となり得るが，判例は，復代理人は本人に対してのみならず，代理
人に対しても受領物を引き渡す義務を負い，代理人に引き渡せば免責さ
れると解する（最判昭和51年4月9日民集30巻3号208頁）。

2. 代理の要件

（1）代理権の存在

　代理人による代理行為の効果が本人に帰属するためには，本人が代理
行為に拘束される根拠として代理権が存在しなければならない。法定代
理においては代理人の選任および代理権の内容・範囲などについて法定
されているが，任意代理については本人の私的自治に委ねられており，
本人の意思に基づいて一定の行為に関する代理権が授与される。

（2）代理行為

（i）顕名　代理人が代理行為を行うにあたり，「本人のためにするこ
とを示して」意思表示することを，顕名という（99条1項）。ここにい
う「本人のため」とは，本人の名においてという意味であり，Aの代理
人としてBがCと契約を締結するときは，「A代理人B」であることを

Cに表示しなければ，代理は成立しない。そうでないと，相手方は本人が当事者であることを知り得ないのが通常だからである。

　顕名がない場合，原則として代理人が自己の名において契約したものとみなされるが，顕名しなくても本人の代理人であることを相手方が知っていたまたは，知り得たときは，代理が成立する（100条）。

（ⅱ）**代理行為の瑕疵**　　代理行為において心裡留保，虚偽表示，錯誤，詐欺・強迫があった場合，その有効性を左右する事情の有無は，本人ではなく代理人を基準として決する（101条）。たとえば，代理人が錯誤に陥っていた場合または，相手方から詐欺・強迫された場合，本人に錯誤または畏怖が生じていなくとも，代理行為を取り消すことができる（1項）。また，相手方の意思表示が心裡留保によるものであった場合，その真意につき代理人が善意無過失であれば，その意思表示は有効となる（2項）。ただし，その場合であっても，本人が悪意または有過失であったときは，本人を保護する必要がないため，本人は代理人の善意無過失を理由として有効であると主張することはできない（3項）。

（ⅲ）**代理人の行為能力**　　本人が制限行為能力者を代理人に選任した場合，制限行為能力を理由として代理行為を取り消すことはできない（102条本文）。代理行為の効果は代理人に帰属しないため，制限行為能力者は不利益を受けず，本人がこれを甘受すべきだからである。ただし，本人も制限行為能力者であった場合はこの限りではない（同条ただし書）。

3.　無権代理

（1）無権代理の意義

　代理権に基づいて行われた代理行為が有権代理であるのに対して，代理権を有しない者が本人の名において行った代理行為（代理権の範囲を

逸脱して行われた場合を含む）を無権代理という。上記の例において，Aが所有する甲土地につき，Bが代理権を授与されていないにもかかわらず，Aの代理人としてCに売却した場合などがこれにあたる。

（2） 無権代理行為の効力

（i）**本人に対する効果不帰属**　　無権代理行為の効果は，本人がこれを追認しない限り，原則として本人に帰属しない（113条1項）。そうでないと本人の私的自治が害されるからである。したがって，本人は無権代理を理由として相手方からの履行請求を拒むことができる。無権代理行為が本人の利益になる場合などにおいては，本人が後に追認すれば，これにより代理権が補充されて有権代理となる。

（ii）**本人との関係（相手方の催告権・取消権）**　　無権代理行為を追認するかどうかは本人の自由であり，相手方がこれを強制することはできないが，相手方の側から本人に対して，相当な期間を定めて，その期間内に追認するかどうかについて確答すべき旨を催告することができる（114条本文）。確答があればそれにしたがうが，なかった場合は，本人が追認を拒絶したものとみなされる（同条ただし書）。無権代理行為の効果は本人に帰属しないのが原則であり，例外を認めるためには追認する旨の確答を要し，それがない以上，原則にしたがうべきだからである。

　また，本人が追認する前に，相手方の側から無権代理行為を取り消すことができる（115条）。相手方が速やかに本人との取引を断念して，代替取引の機会の確保を望む場合において効果的である。

（3） 無権代理人の責任

（i）**責任の内容**　　本人の追認が得られず，また取消しを選択しなかった場合，相手方は無権代理人に対して，その選択にしたがい，無権代

理行為の①履行請求または，②損害賠償の責任を追及することができる（117条1項）。

　その特色は，無権代理人がⅰ．履行責任を負うことおよび，ⅱ．過失の有無を問わずに責任を負うこと（無過失責任）の2点に求められる。上記の例において，たとえ無権代理行為を行ったことにつきBに過失がなかったとしても，CはBに対して甲土地を取得できなかったことによって生じた損害の賠償を請求することができる。代理権があるものと無権代理人が誤信していた場合や，本人のためによかれと思って行った場合などもあり得るが，そのような事情は問わない。

　また，代理人には代理行為の効果が帰属しないため，本来であれば当事者として履行義務を負わないはずであるが，無権代理人についてはとくに履行責任という特別な責任が課される。たとえば，上記の例とは逆に相手方Cが売主であった場合，CはBに対して，甲を買い取って代金を支払うよう請求することができる。このように無権代理人に重い責任が課されているのは，代理制度の信用維持のためである。

（ⅱ）**要件**　　本人の追認がないことおよび，無権代理人の無過失責任であることに関しては上述したが，その他に留意すべき要件は，①相手方の善意無過失，②無権代理人の行為能力である（同条2項）。無権代理人は特別に重い責任を負うため，要件が加重されているのである。

　無権代理行為であることにつき相手方が知っていたかまたは，知らなかったことにつき過失があったときは，無権代理人に上記の特別責任を課してまで保護すべき合理的理由に欠けるため，この責任は生じない（同条2項1号・2号）。ただし，相手方に過失があったにすぎない場合であって，無権代理人が悪意であったときはこの限りではない（同項2号ただし書）。悪意の無権代理人が相手方の過失を理由に免責を主張することを認めるべきではないからである。

代理人が制限行為能力者であることは代理行為の有効性を妨げないことについては上述したが（2．（2）（iii）），それが無権代理であった場合，制限行為能力者に重い責任を課すべきではなく，無権代理人の責任は適用されない（同項3号）。

（4）無権代理と相続

（i）問題の所在　　代理において本人と代理人が親族関係に立つことはしばしばあるが，それが無権代理であった場合，無権代理行為が行われた後に，一方または双方が死亡して相続が生じることがある。その場合，無権代理行為の効力および無権代理人の責任はどうなるか。相続に基づく地位の承継により，同一人について本人の地位と無権代理人の地位とが交錯することによって生じる応用問題である。明文規定はないが，無権代理行為に関する上記の例を適宜アレンジしながら，この問題についての主な判例法理を簡潔に整理しておこう。

（ii）無権代理人が本人を相続した場合（無権代理人相続型）　　本人Aが死亡して無権代理人Bが本人の地位を相続した場合，無権代理行為を行ったBが，その後Aを相続したからといって，本人の資格において追認拒絶することは信義則に反して許されない。そのため，判例は，当初からB自身が本人として法律行為を行った場合と同様の地位が生じ，Bは当事者として履行しなければならないと判示した（最判昭和40年6月18日民集19巻4号986頁）。

（iii）本人が無権代理人を相続した場合（本人相続型）　　無権代理人Bが責任を負わないうちに死亡して，本人AがBを相続した場合はどうか。無権代理人を相続したからといって，無権代理行為をしていないAが本人として追認を拒絶しても信義則に反しない。そこで判例は，この場合においてAが本人の資格に基づいて追認拒絶することを認めている

（最判昭和37年４月20日民集16巻４号955頁）。

　ただし，Ａが相続の放棄などをしない限り，Ｂを相続すること自体を否定することはできず，Ｂの他の債務と同じく，無権代理人として負担すべき債務の承継は免れない（最判昭和48年７月３日民集27巻７号751頁）。なお，学説は，ここに履行責任も含まれるとすると，本人として追認拒絶できることが意味を失うため，履行請求については拒絶できてよいと解している。

（ⅳ）無権代理人と本人を第三者が順次相続した場合（双方相続型）

ＡとＢが夫婦であった場合などにおいては，両者が相次いで死亡して，その子であるＤが順次相続する事態が生じ得る。相続人であるＤは本人Ａの地位と無権代理人Ｂの地位との双方を承継することになるが，上記（ⅱ）または（ⅲ）どちらによるべきか。

　判例には，無権代理人→本人の順に死亡した場合につき，相続により無権代理人の地位を包括的に承継した者が，その後に本人を相続したときは，無権代理人自身が本人を相続した場合（上記（ⅱ））と同様になるとして，追認拒絶を認めなかったものがある（最判昭和63年３月１日判時1312号92頁）。この論理によれば，本人→無権代理人の順に死亡した場合は逆の結果となり，上記（ⅲ）にしたがって追認拒絶が認められることになろうが，死亡の時期や先後という偶発的事情によって権利関係が左右されるのは，相続の宿命であるともいえる。

　これに対して学説には，相続人が本人・無権代理人以外の第三者である場合，無権代理行為を行っていないことにかんがみれば，相続人が本人の資格において追認拒絶しても信義則に反しないから，死亡の先後を問わず上記（ⅲ）と同じように解すべきである，と説くものが多い。

56

4．表見代理

（1）表見代理の意義

　すでにみたように，無権代理の場合，たとえ相手方が取引の実現を望んだとしても，本人の追認がない限り，原則として代理行為の効果は本人に帰属せず，無権代理人の責任を追及するほかない。しかしながら，代理権の有無は本人と代理人間の内部事情であるため，そのリスクをつねに相手方が負担しなければならないとすると，事情を知らずに取引に入った相手方の取引安全が害され，取引社会において重要な役割を果たしている代理取引が萎縮しかねない。

　そこで，代理制度の信用維持のために設けられた制度が，表見代理である。表見代理とは，実際には無権代理行為であるにもかかわらず，有権代理であるかのような外観がある場合において，その外観の通りに有権代理とみなすことにより，相手方の取引安全を図るための制度である。そのため，本人は代理行為について履行責任を負う。もっとも，安易にその成立を認めると，今度は本人の私的自治が害されるため，①無権代理行為につき本人に責任を負わせるべき事由（本人の帰責性）と，②相手方の正当な信頼（善意無過失）が認められることが必要である。

　民法は，表見代理につき次の3つの類型について定めている。

（2）代理権授与の表示による表見代理

　本人が，相手方を含む第三者に対して，特定の他人に代理権を与えた旨を表示した場合，実際には代理権を授与していなかったとしても，外観上の代理権の範囲内において行われた代理行為につき，本人は相手方に対して責任を負う（109条1項本文）。

　たとえば，本人が代理権を授与せずに他人に名義の使用を認めた場合

（名義貸し），ある組織に取引権限を有する部署であるかのような名称使用を認めた場合などがこれにあたる。また判例は，本人が他人に対して代理権を授与せずに白紙委任状（代理人名や代理権の内容となる委任事項が記載されていない委任状）を交付したところ，これが濫用された場合にも，この表見代理の適用を認める。いずれも，一定の代理権を授与したと誤認されるような表示を対外的に行った点において，本人に帰責性が認められる。

　ただし，その他人に実は代理権が与えられていないことにつき，相手方が悪意または有過失であった場合，表見代理は成立しない（同項ただし書）。

（３）権限外行為の表見代理

　代理人が与えられた代理権の範囲を逸脱して無権代理行為（越権代理）を行った場合が，この類型の表見代理である（110条）。たとえば，Ａ所有の甲土地をＢが代理人としてＣに売却処分した場合において，実はＢは甲の管理を委ねられていたにすぎない場合などがその典型例である。表見代理の成立要件は以下の通りである。

（ⅰ）**基本代理権の存在**　　本人から代理人に対して，越権代理の基礎となる代理権を授与したことが必要である。他人を信用して一定の権限を与えたことにより，無権代理行為の原因を作出した点に，本人の帰責性が認められる。

　判例によれば，基本代理権は，契約の締結のような私法上の法律行為に関する代理権でなければならない（最判昭和35年２月19日民集14巻２号250頁など）。そのため，たとえば広告チラシの配布や清掃などを頼んだとしても，このような事実行為の委任では基本代理権にあたらない。

　また判例は，役所への印鑑証明書下付に関する申請手続を委任して

も，このような公法上の手続は私法上の権利義務の発生をともなうものではなく，基本代理権にあたらないと解している（最判昭和39年4月2日民集18巻4号497頁）。これに対して，不動産登記手続申請については，それ自体は公法上の手続であるが，登記手続は不動産に関する契約の履行という私法上の効果を生じさせるため，私法上の法律行為に関する委任に準じて，基本代理権に該当する（最判昭和46年6月3日民集25巻4号459頁）。

（ⅱ）相手方の正当理由　　相手方において，代理人に権限があると信ずべき正当な理由がなければならない。正当理由の有無に関しては，第一に，代理権の存在を推認させるような外観があるか（本人の実印・印鑑証明書あるいは委任状など，本人の重要財産を処分するに際して必要な書類を所持しているか），第二に，代理行為の性質（代理人に対する融資のための担保提供などは代理人の利益になる一方，本人の不利益が大きく，無権代理が行われるリスクが高い），相手方の地位（金融機関などは無権代理のリスクに精通している），本人と代理人の関係（親族関係においては無権代理のリスクが高い場合がある）など諸般の事情に照らして，代理権の存在につき疑いを容れるべき事情がないかによって，判断される（最判昭和51年6月25日民集30巻6号665頁）。

（4）代理権消滅後の表見代理

　任意代理においては，委任の終了により代理権が消滅するが（111条2項），代理権が消滅したにもかかわらず，その後代理人が以前に有していた代理権の範囲内において代理行為を行った場合であっても，表見代理が成立する（112条1項）。

　たとえば，A会社の営業担当主任であるBが，解雇された後にAの名においてCから商品を仕入れた場合などがこれにあたる。表見代理が成

立すればAはCに代金を支払わなければならない。

　代理権の消滅後も，それがまだ存続しているかのような外観を残していた点において，本人に帰責性が認められる一方，解任などの代理権の消滅事由は本人と代理人間の内部事情であり，相手方の取引安全を図る必要があるためである。

　ただし，代理権がすでに消滅している事実について相手方が悪意または有過失であったときはこの限りではない（同項ただし書）。

（5）無権代理人の責任との関係

　表見代理が成立しない場合においては，無権代理人の責任が相手方保護にとって補充的役割を果たすが，それでは，表見代理が成立する場合は無権代理人の責任が排除され，もっぱら表見代理が優先して適用されるのか。それとも，相手方が自由に選択してよいのか。判例は，表見代理と無権代理人の責任は，いずれも相手方保護を目的とする独立した制度であって優劣関係はなく，したがって，表見代理が成立する場合にこれを主張するか否かは相手方の自由であり，表見代理を主張せずに無権代理人の責任追及を選択してもよいと解する（最判昭和62年7月7日民集41巻5号1133頁）。学説は，表見代理の成立を理由として無権代理人の免責を認める必要はないとして，判例に賛同する。

5. 代理権の濫用・利益相反行為

（1）問題の所在

　客観的・形式的にみれば代理行為の内容が代理権の範囲内に属するが，本人の利益に反する目的において行われた場合，代理行為の効力に影響するであろうか。本来の意味における無権代理ではないが，民法は，一定の場合にこれを無権代理とみなしている。民法が定める2類型

について以下に説明する。

（2）代理権の濫用

　代理行為の内容は代理権の範囲内に属するが，代理人が自己または第三者の利益を図る目的でこれを行うことを，代理権の濫用という。たとえば，A所有の甲土地を代理人BがCに売却したが，BがCから受け取った代金を着服する意図を有していた場合がその典型例である。AがBに対して甲の売却処分に関する代理権を授与していれば，Bの行為は有権代理である。そのため，原則としてこのような代理人の濫用目的は代理行為の効力に影響せず，本人と代理人間の内部的な責任の問題が生じるにすぎない。したがって，相手方は本人に対して履行請求することができる。

　ただし，相手方が代理人の濫用目的につき悪意または有過失であった場合にまで，相手方の取引安全を図る必要がないため，この場合に限り，とくに無権代理行為とみなされる（107条）。

（3）利益相反行為

　同一の法律行為について，代理人自身が相手方となって行った場合（自己契約）または，本人と相手方双方の代理人として行った場合（双方代理）は，利益相反行為として，無権代理とみなされる（108条1項）。上記の例において，Aの代理人Bが相手方として自ら甲を買い受ける場合または，BがA・C双方の代理人を兼ねて売買契約を締結する場合がこれにあたる。甲を売却する代理権が授与されている以上，Bが売買契約を締結するに際して相手方または相手方の代理人を兼ねたとしても，代理権の範囲内の行為である。

　しかしながら，売主と買主は，契約内容の決定に際して利益が対立す

る立場に立つのが通常であるため，こうした行為は代理人の利益＝本人の不利益すなわち利益相反となるおそれが大きい。そこで民法は，これらを無権代理とみなしている。

　ただし，本人の利益を害するおそれを欠くと認められる場合においては，これを制限する必要はない（同項ただし書）。第一に，代金の授受など，すでに成立した債務の履行にとどまる場合，第二に，予め本人が許諾している場合がこれにあたる。

参考文献

・山野目章夫『民法概論1　民法総則』（有斐閣，2017年）
・四宮和夫，能見善久『民法総則〔第9版〕』（弘文堂，2018年）
・中舎寛樹『民法総則〔第2版〕』（日本評論社，2018年）
・佐久間毅『民法の基礎1　総則〔第5版〕』（有斐閣，2020年）

5 | 取引の対象（民法上の権利）

《目標＆ポイント》　主な財産上の権利の分類および，権利の客体に関する基礎知識の習得を目指す。とくに物権と債権の区別が重要である。
《キーワード》　物権，所有権，制限物権，排他性，公示性，一物一権主義，債権，物，不動産，動産，従物，責任財産，一般債権者，債権者代位権，詐害行為取消権

1．物に対する権利（物権）

（1）物権の意義

　前章までにおいて，契約の主体，契約の有効性について学習したところで，取引の対象となる財産権の種類と内容について概説しよう。すでに触れたように，民法は，主要な財産権を物権と債権とに分類して規定する。まず本節においては物権を取り上げる。

　物権とは，特定の物を支配することを通して，財産上の利益を享受することを目的とする財産権（物に対する支配権）として定義される。

　ここにいう支配とは，利用に対する支配と価値に対する支配の2つの側面に分かれる。前者は使用収益（用益）権限，そして後者は処分権限に結びつく。物権とは，これらの全部または一部を自由に行うことができる権利を指し，支配の内容に応じて分類される。

（2）物権の種類

（ⅰ）所有権　　所有権とは，特定の物を自由に使用収益および処分することができる物権をいう（206条）。所有権は上述の両側面を併せた全面的支配を目的とする権利であり，物権の代表格である。これをうけて物権は，所有権とそれ以外の他物権に分かれる。

　所有権が完全物権であるのに対して，所有権以外の物権は，他人の所有物を対象として，法によって定められた範囲に限定された支配を行うことを目的としており，制限物権とよばれている。制限物権は原則として，所有者が自己の所有物について他人のためにこれを設定すること（設定契約）によって発生する。

　制限物権はさらに，他人の土地を一定の範囲において使用収益することを目的する用益物権と，債権の実現を確保するために他人の物を支配することを目的とする担保物権に分類される。

（ⅱ）用益物権　　他人の土地を利用するといっても，建物を建てるのか，耕作ないし栽培するのか，通行使用するにとどまるのか，その目的はさまざまであるが，民法は使用収益目的に応じて，地上権（265条以下），永小作権（270条以下），地役権（280条以下）に分かれる。いずれも，土地の所有者が他人の利用のために設定することによって発生する。なお，不動産を含む他人の物の利用を目的とする権利として最も多く用いられているのは，賃借権であるが，これは物権ではなく債権である（不動産賃借権については第9章参照）。

（ⅲ）担保物権　　担保物権は，その発生原因に応じて，目的物の所有者と債権者間の約定に基づいて設定される約定担保物権と，約定によらず法が定める債権のためにとくに認められる法定担保物権とに分かれる（第10章参照）。

（ⅳ）占有権　　物を所持・利用するなどの事実的支配を指して，占有

という。民法は占有に対して一定の保護を与えており，これを占有権（180条以下）と称する（第6章・第11章参照）。

（3）物権の特色

（ⅰ）**排他性**　物権は，特定の物を排他的（独占的）に支配することを目的としている。そのため，一個の物につき，相容れない支配を内容とする物権が併存することは認められない。この原則を一物一権主義という。そのため，ある物が複数の買主に対して二重に売買されるなど，同一の物について相容れない物権の取得ないし帰属が争われた場合は，その優劣決定に関するルールが求められる（第6章参照）。

　なお，一物一権主義には，一つの物権の客体は一個の独立した物でなければならず，物の一部のみについて部分的に物権が成立することはない，という意味も含まれている。

（ⅱ）**絶対性**　誰に対して権利を主張ないし行使することができるかという観点に基づく特色である。上述の排他的支配を確保するために，権利者は自己の物権に基づく支配につき，誰であるかを問わずにすべての他者に対して（絶対的に）主張することができる。

　そのため，所有権が侵害された場合，所有者は侵害者が誰であっても，その侵害の除去を求めることができる。たとえば，自己の所有するPCを無断で持ち去った者に対しては，所有権に基づく返還請求権を有し，また，自己所有の土地に権原なく占有している者に対しては，所有権に基づく明渡請求権（妨害排除請求権）を行使することができる。

（ⅲ）**物権法定主義**　上述の通り，所有権をはじめとする物権は，誰に対しても主張ないし行使することができる対世的な権利であり，多くの他者に少なからぬ影響を及ぼすため，物権の種類および内容は法によって定められていなければならない（175条）。そのため，原則として，

法定されていない種類・内容の物権を私人が自由に創設することは許されない（物権法定主義）。

（ⅳ）**公示性**　物権については，特定の不動産または動産について誰がどのような物権を有しているのかについて，公示されなければならない。これを公示性という。物権は誰に対しても主張ないし行使することができる代わりに，その権利関係について誰もが分かるように，対外的に認識できる状態を確保することが要請される。

　「公示しなければならない」ことの具体的な意味（公示しないとどうなるか）については，物権変動の制度に関するため，第6章で説明する。

（4）財産権の客体（物）

（ⅰ）**物の意義**　民法は総則編において，財産権の客体として「物」に関する規定を置いている（85条以下）。民法上，物とは有体物をいう（85条）。したがって，物権の客体となり得る物は有体物に限られる。もっとも，現代においては，知的活動の所産であるアイデアやイメージなどの無体物ないし知的財産も重要な財産的価値を有しており，これに対する排他的支配を保護する必要がある。そのため，民法上の物権以外にも，著作権，特許権，実用新案権，商標権などが特別法によって規律されている。

　さらに将来的には，情報も財産権の対象となり得ることが予想されており，財産権の客体はますます多様化している。

（ⅱ）**不動産と動産**　有体物は不動産と動産に分類される。不動産は，土地および，その定着物（建物など）として定義され（86条1項），不動産以外の有体物はすべて動産となる（同条2項）。不動産と動産とでは，権利の公示方法が異なる。不動産の公示方法は登記であるのに対

して，動産に関する民法上の公示方法は占有である。なお，自動車，航空機，船舶，建設機械など一定の動産については，特別法により登録が公示方法とされている。また，法人による動産譲渡は，動産債権譲渡特例法に基づく動産譲渡登記の対象となる。

不動産と動産の公示方法の違いは，取引安全の図り方の相違に反映される（第6章参照）。

不動産についてさらに留意すべき点は，土地と建物は別個独立の権利客体および取引対象とされていることである。すなわち，土地と建物の所有者は同一である必要はなく，甲土地と同地上の乙建物の所有者Aが甲・乙どちらか一方のみを処分することや，A所有の甲土地について，その借地人であるBが乙建物を建設して所有することも可能である。

（ⅲ）主物と従物　たとえば，乙建物の窓・ドア・柱などは建物の構成部分であり，物理的一体性を有しているため，建物所有権の一部であって，そのままでは建物から独立した権利客体としての動産とはならない（一物一権主義）。

これに対して，工場用建物として使用されている乙建物内に設置された丙機械などは，建物の構成部分といえるほどの物理的一体性は認められず，したがって乙建物とは別個独立の動産である。しかしながら，丙機械は乙建物の効用を高めるために必要不可欠な附属動産であり，乙が処分される際には，特段の合意がない限り，丙もこれにしたがうと解するのが取引上の社会通念に適う。そのため，このような経済的一体性にかんがみた処分の従属性を認めるのが，主物・従物という概念である。上記の例においては，建物が主物，建物所有者が附属させた設備動産が従物であり，建物の売却あるいは担保設定においては，従物もその対象に含まれる（87条）。

判例には，ガソリンスタンドの営業用建物に設置された地下タンク，

ノンスペース計量器，洗車機につき，建物の従物にあたるとして，建物に設定された抵当権の対象に含まれると判示したものがある（最判平成2年4月19日判時1354号80頁）。

（iv）**果実**　　果実とは，物から生じる利益のことであり，物の用法にしたがって収取する産出物（天然果実）と，物の使用の対価として受けるべき金銭その他の物（法定果実）の2種類がある（88条）。農作物などは土地の果実，牛乳・鶏卵などは動産の果実，そして賃料が法定果実の例である。果実を生じさせる物を元物という。

　果実は，元物からの分離時における収取権者に帰属する（89条1項）。元物の所有者とは限らず，所有者から使用収益を委ねられた利用権者がこれに該当する場合も少なくない。

（v）**集合物**　　複数ないしは不特定多数の物の集合体を「集合物」とよぶ。たとえば，「特定の倉庫内に営業用動産として保管されている在庫商品一式」などの集合動産がその典型例である。判例は，取引社会の要請に応えて一物一権主義を緩和し，このような集合動産を一個の集合物とみなして担保の対象とすることを承認する（最判昭和62年11月10日民集41巻8号1559頁）。詳細については第10章を参照されたい。

2. 人に対する権利（債権）

（1）債権の意義

　債権とは，特定の人（債務者）に対して一定の給付を請求することを通して，財産上の利益を享受することを目的とする権利のことである。金銭の支払，物の引渡し，労務の提供，仕事の完成などを求める権利が該当する。債権の実現は，請求をうけた債務者による給付すなわち債務の履行によって図られる。このように，債権は特定の人と人との間に生じる権利であり，債権と債務は対をなす概念である。

（2）債権の発生原因

すでに触れたように，民法は，債権の発生原因に応じて，契約に基づいて発生する債権（521条以下）と，契約以外の法定の原因に基づいて発生する債権とに大別して規定を配している。契約以外の原因は，事務管理（697条以下），不当利得（703条以下），不法行為（709条以下）に分かれている。なお，すでに述べたように契約については，信義則（1条2項）に基づいて債権が発生する場合もある。本書ではこのうち，契約と不法行為を中心に取り上げる。

（3）債権の特色

（ⅰ）相対性　　物権と異なって債権は，誰に対しても主張ないし行使することができるわけではなく，債務者以外の人に対してその履行を請求することはできない。これを債権の相対性という。

（ⅱ）内容決定の自由　　物権の種類および内容が法定されていなければならない（物権法定主義）のに対して，特定の対人的な権利である債権については，公序良俗または強行法規に反しない限り，債権者と債務者間において自由にその内容を決定することができる。契約上の債権がその典型である。

（4）債権の効力

（ⅰ）意義　　債権の種類および内容を問わず，債権にはどのような力があり，債権の実現に向けて債権者は債務者に対して何をすることができるか。これを債権の効力という。

（ⅱ）請求力　　債権の中心的な効力といえるのが，債務者に対して履行を請求することができる力である。債務者がこれに応じて任意に債務の本旨に適った履行をすれば，弁済により債権は目的を達成して消滅す

る。

（ⅲ）**給付保持力**　　債務の履行として行われた給付につき，債権者は弁済後も適法に保持することができる。これを給付保持力という。これにより，弁済によって債権が消滅したとしても，債権者は受領した給付を返還しなくてよい。債権に基づいて享受した財産的利益を維持するために必要な効力である。

（ⅳ）**訴求力**　　請求に対して債務者が応じず，任意の履行が得られないときは，債権者は法の助力すなわち，法定の手続にしたがって国家機関（裁判所）の助力を得ることができる。第一に，債権者は訴えによって履行を求めることができる。これを訴求力という。これをうけて裁判所は，債務者に給付を命じる判決をすることができる。訴訟の手続については民事訴訟法に定められている。

（ⅴ）**執行力**　　法の助力として第二に，債権者は，債務者の財産に対して強制執行を行うなど，債権の強制的実現を図ることができる。これを執行力という。履行の強制方法は債権の種類に応じて異なる（第 8 章参照）。

　私権の強制的実現は，民事執行法などに定められた手続にしたがって行わなければならず，たとえ権利者といえども，法定の手続によらずに私人の実力行使によって権利の実現を強制することは許されない。これを自力救済禁止の原則という。そのため，債権者が債務者の自宅あるいは職場に押しかけて財産を没収するような方法は，権利の行使として認められない。

（5）債権の保全

（ⅰ）**意義**　　上述の強制執行について補足すると，金銭債権についての強制執行は，債権者が債務者の財産に対する差押えを裁判所に申し立

て，これに基づく換価処分（強制競売）によって得られた金銭から配当を受けることによって，債権の満足を得る手続による（民事執行法43条以下）。差押えの対象となり得るのは，債務者の財産のうち，特定の債権者のために担保物権が設定されている財産および，債務者の生活にとって必要不可欠な財産などを除いた一般財産であり，これを「責任財産」とよぶ。

そのため，債務者の責任財産の充実は，とくに担保を有していない債権者（一般債権者という）の利益に大きく影響する。そこで民法は，債務者が合理的理由なく責任財産の維持を怠っている場合または，不当に減少させる行為を行った場合において，債権の保全を図る必要があると認められるときは，自己の財産の管理・処分に関する債務者の自由すなわち私的自治に対して，一般債権者が介入することにより，責任財産の保全を図ることを認めている。その法的手段には，債権者代位権と詐害行為取消権の2種類がある。

（ⅱ）**債権者代位権**　　債権者は，自己の債権を保全する必要があるときは，債務者が第三者に対して有する権利につき，債務者に代わって行使することができる（423条1項）。たとえば，AがBに対して貸金債権を有しており，弁済期が到来しているがBからの弁済がなく，他方においてBはCに対して売買代金債権を有していながら，その取立てをしないでいる場合，AはBに代わってCに対して売買代金の弁済を求めることができる。なお，AのBに対する債権を「被保全債権」，BのCに対する権利を「被代位権利」，Cを「第三債務者」とよぶ。

債務者Bが自己の権利を行使すれば，債権者のために責任財産の維持・充実化が図られるにもかかわらず，これを怠っているときは，債権者が代わって行使することが認められる。

もっとも，権利を行使するかどうかは本来Bの自由であるから，Aが

その私的自治に介入することを正当化するためには，債権保全の必要性が求められる。①被保全債権の弁済期が到来していること（同条 2 項），②債務者が無資力状態であること，③債務者が権利を行使していないことがその要件である。無資力とは債務超過の状態を指し，債務超過とは，すべての債権者の債権額が債務者の責任財産の総額を上回る状態をいう。

　また，債権者は自己の被保全債権の額の限度においてのみ，被代位権利を行使することができる（423 条の 2 ）。上記の例において，Aの貸金債権額が300万円，Bの売買代金債権額が500万円であったときは，Aは300万円の限度で債権者代位権を行使できるにとどまる。

（ⅲ）**詐害行為取消権**　　債権者は，債務者が債権者を害することを知りながら責任財産を減少させる行為（詐害行為）を行った場合，その取消しを裁判所に請求することによって，責任財産の回復を図ることができる（424 条 1 項本文）。たとえば，AがBに対して貸金債権を有しており，Bはこれを弁済していないにもかかわらず，自己の唯一の資産である甲建物をCに贈与した場合，AはBが行った贈与の取消しを裁判所に対して請求することができる。

　自己の財産をどのように処分するかについては本来Bの自由であるが，それが債権者を害する場合においては，かかる自由が制限されてよい。とはいうものの，詐害行為取消権は他人（債務者）の行為の取消しを目的とする点において，自身が行った意思表示の取消しとは異なる特別な取消権であることに照らして，債務者の私的自治に対する過度な介入とならず，かつ当該行為の相手方の取引安全を害しないために，次のような厳しい要件が設けられている。

　すなわち，①債務者の行為が債権者を害するものであること（詐害行為），②債務者が債権者を害することを知りながらこれを行ったこと

（詐害の意思），③受益者が悪意であること（424条1項ただし書），④債務者または受益者に対する意思表示によるのではなく，裁判所に対して取消しを請求することが，取消しの要件である。債権者を害する詐害行為とは，財産権を目的とする行為であって，これにより債務者を無資力状態に陥らせるものをいう。また，「受益者」とは，上記の例におけるCのような詐害行為の相手方を指す。詐害行為にあたることを受益者が知らずに取引した場合においてまで取消しを認めると，受益者の取引安全が害されるため，同人が善意であったときは詐害行為取消権が認められない。

参考文献

・河上正二『物権法講義』（日本評論社，2012年）
・山野目章夫『物権法〔第5版〕』（日本評論社，2012年）
・松岡久和『物権法』（成文堂，2017年）
・佐久間毅『民法の基礎2　物権〔第2版〕』（有斐閣，2019年）
・石田剛，武川幸嗣，占部洋之，田高寛貴，秋山靖浩『民法II　物権〔第3版〕』（有斐閣，2020年）
・近江幸治『民法講義II　物権法〔第4版〕』（成文堂，2020年）
・石田剛，荻野奈緒，齋藤由起『債権総論』（日本評論社，2018年）
・中田裕康『債権総論〔第4版〕』（岩波書店，2020年）
・潮見佳男『プラクティス民法　債権総論〔第5版補訂〕』（信山社，2020年）

6 | 物を支配する権利（所有権・占有権）

《**目標＆ポイント**》 財産権の中核を成す権利の一つである所有権を取り上げて，その取得ないし移転（物権変動）の要件および，主な所有形態について基礎知識を習得するとともに，物の占有に対する保護についてその概要を把握することを目標とする。とくに物権変動については不動産と動産の違いが重要である。

《**キーワード**》 意思主義，対抗要件，登記，背信的悪意者排除，公信力，民法94条2項類推適用，引渡し，即時取得，共有，占有権

---

1. 物権変動

（1）物権変動の意義

　物権の移転・取得・設定・消滅を総称して物権変動という。物権における大変基本的にして重要なテーマである。本章では，物権変動に関する民法上のルールにつき，主として所有権の移転・取得を例にとりながら解説する。所有権の移転原因も契約・相続・時効など多様であるが，ここでは典型例として売買を取り上げる。

　所有権の移転・取得および権利を確保するための要件として，民法上何が求められているか。それはなぜか。物権変動に関する諸制度はこの点について規律する。

74

（2）意思主義と対抗要件主義

　民法は，物権変動の要件について次の2段階に分けて規定する。第一段階は物権変動の当事者間において有効に所有権の移転・取得するための要件，そして第二段階が，排他的支配を確保するために第三者に対して所有権を主張ないし行使するための要件である。すなわち，A所有の甲土地をBに売却する旨の売買契約が締結された場合において，当事者間においてBがAから有効に所有権を取得するために必要な要件（第一段階）と，これを充足することを前提として，Bが取得した所有権を第三者Cに対して主要ないし行使するための要件（第二段階）とに区別される。

　民法は，第一段階では当事者の私的自治を尊重する意思主義という考え方（176条）を採用し，そして第二段階においては，第三者の取引安全を図る観点から，所有権を公示することをもって第三者に対して権利取得を対抗するための要件すなわち，対抗要件主義（177条，178条）に拠っている。意思主義は不動産・動産に共通するが，前述したように不動産と動産とでは物権の公示方法を異にするため，対抗要件主義については別個に定められている。以下では，不動産と動産に分けて解説を進める。

2. 不動産物権変動

（1）意思主義

　所有権の移転は，当事者の意思表示のみによって，その効力を生じる（176条）。上記の例では，売買契約においてAからBへと所有権を移転する旨の意思表示が有効に行われれば，その効果としてBは甲の所有権を取得する。これは，①所有権の移転については，それを欲する当事者間の意思表示以外の特別な行為を要しないこと，②所有権の移転時期に

ついては当事者の意思決定に委ねられることを意味している。

　このように意思主義は，所有権の移転をはじめとする物権変動においては，まずはこれを欲する当事者の私的自治を尊重することを基調とする。その上で，第三者との関係における利益調整については，以下に述べる対抗要件主義の柔軟な運用によって図る制度設計となっている。

（2）対抗要件としての登記の意義

　不動産に関する所有権の取得は，不動産登記法等に定める手続にしたがって登記をしなければ，これをもって第三者に対抗（主張）することができない（177条）。

　登記とは，不動産の権利関係につき，登記簿という公簿に記載する手続またはその記載内容を指す。上記の例においてBは，登記所（各地域の法務局または出張所）に登記手続の申請を行い，甲土地についてB名義の所有権移転登記手続をすることによって，その所有権取得を公示しなければ，これをもってA以外の第三者に対して主張することができない。このように物権の公示性は対抗要件主義に結びつく。

　これは，Bが未登記である場合，第三者はその所有権の取得を否定してよいことを意味するため，所有権に基づく支配を確保するための大変重要な要件である。

（3）第三者の範囲

（ⅰ）問題の所在　　一般に第三者とは，当事者およびその相続人以外のすべての者をいうが，具体的には，各制度の目的・趣旨に応じて画定されている。それでは，民法177条にいう「第三者」にはどのような者がこれに該当するのか。判例は古くから，登記がないことを主張するについて正当な利益を有する者に限定して（大連判明治41年12月15日民録14

輯1276頁），合理的な運用を図っている。

（ⅱ）**不法行為者・不法占有者・無権利者**　　たとえば，上記の例においてＣが甲土地を不法占拠している場合，177条の第三者にはあたらず，したがってＢは登記がなくても所有権に基づいて明渡しを求めることができる。このようなＣは公示によって保護すべき正当な利害関係を有しておらず，所有者が誰であるかにかかわらず明渡しに応じるべきであって，Ｂの未登記を理由として占有の継続を認めるべき理由がないからである。

　また，上記の例でＣもＡから甲土地を買い受けたが，売買契約が無効であった場合，このようなＣは無権利者であり，登記の有無にかかわらず甲について正当な利害関係を有しないため，同じく177条の第三者にはあたらない。

（ⅲ）**相容れない物権取得者**　　上記の例において，Ｂが未登記であるためＡ所有名義で登記されたままの甲につき，その後ＣがＡから買い受けた場合（二重売買），その売買契約に無効・取消し原因がなければ，ＣはＢの未登記を主張することによって甲を有効に取得できる地位にあるため，Ｃは177条の第三者にあたる。公示は正にこのようなＣの取引安全を図るためのものである。

（4）登記の機能

　上の（ⅲ）において，Ｂが未登記の間にＣが先に所有権移転登記を備えれば，Ｃが甲の所有権取得をもってＢに対して対抗することができることとなり，その結果Ｂは所有権を失う。なお，ＣがＡから地上権や抵当権などの設定をうけて登記した場合は，Ｂの所有権はＣの制限物権の負担をともなうものとなる。このように，同一不動産に関する相容れない物権取得者との関係においては登記の有無によってその優劣が決定さ

れるため，登記は，不動産に関する権利の帰属が争われている場合において，これを最終的に確定するための優劣決定機能を有しており，未登記権利者は権利の喪失ないし制約に服することになり得る点において，重要な意味を有する。

（5）背信的悪意者排除論

　上記の例におけるＢとＣのように，相容れない物権取得を争う者相互の優劣につき，登記の先後によって決する「早い者勝ち」ルールを貫徹すると，目的・手段その他の事情を問わずに先に登記を備えた者を形式的・画一的に優先させることになり，実質的公平および具体的妥当性を欠くおそれが生じる。

　そのため判例は，相容れない物権取得者であっても，自己に先行する物権変動の事実を知り，かつ，その未登記を主張することが信義則に反して許されないと認められる事情が主張立証された場合，このような背信的悪意者は177条の第三者にあたらないと解しており（最判昭和43年8月2日民集22巻8号1571頁など），たとえ先に登記を備えた者であっても，未登記権利者を犠牲にして保護するに値しないと認められる背信的悪意者を，事情に応じて個別に排除することによって，具体的妥当性の確保に努めている。

　背信的悪意者の例としては，Ｃが，ＡＢ間の売買を知り，かつ，ⅰ．Ｂの登記手続を妨害した場合，ⅱ．Ｂの未登記に乗じて暴利を得る目的を有していた場合，ⅲ．もっぱらＢを排除するために取引した場合，ⅳ．ＡＢ間の売買を仲介するなど，Ｂの所有権取得に協力すべき立場にある場合，などが挙げられる。

（6）登記の公信力

（ⅰ）問題の所在　　上記の例において，対抗要件としての登記は，Ａ
Ｂ間で有効な所有権移転があることを前提としている。それでは，Ａ所
有の甲土地につき，有効に所有権が移転していないにもかかわらず，虚
偽の登記手続申請などにより，誤って無権利者のＢ所有名義で登記がさ
れてしまった場合，このような実体上の権利関係に合致しない不実登記
の効力はどうなるか。

　第一に，不実登記は無効であり，このような登記によってＢが所有権
を取得するわけではない。そのため，ＡはＢに対して登記名義の回復を
請求することができる。

　第二に，登記名義が回復されないうちに，第三者Ｃが不実登記を信頼
して甲を買い受けた場合，その取引安全を図らなくてよいか。公示に対
する信用維持のためには，権利関係について誤った公示がされてしまっ
た場合であっても，これに対する信頼を保護して特別に所有権の取得を
認めるのが望ましいともいえる。これを公信の原則といい，この原則に
基づいて付与される公示の効力を公信力という。もっとも，これを認め
ると第三者の取引安全に資する反面，真正権利者Ａは所有権を失うた
め，慎重な考慮を要する。

　この点につき，日本の民法は不動産登記の公信力を認める制度を置い
ていない。そのため，Ｃは登記の有無にかかわらず無権利者であり，保
護されないのが原則である。

（ⅱ）民法94条2項類推適用法理　　登記に公信力がないため，上記の
例でＣはＢ名義の不実登記を信頼したというだけではただちに保護され
ない。しかしながら，こうした不実登記についてＡに帰責事由がある場
合には，そのようなＡの権利よりＣの取引安全を優先するのが衡平に適
うといえる。

　そこで判例は，不実登記の作出または存続が，真正権利者本人の意思
に基づくものと認められる場合，虚偽表示に関する民法94条 2 項を類推
適用することによって，善意または善意無過失の第三者の所有権取得を
とくに認めている（第 3 章参照）。

　民法94条 2 項類推適用に関する判例法理は，不実登記に対する信頼保
護の要否について，真正権利者の保護の必要性と第三者の取引安全の要
請との調和を図るものであり，登記の公信力の不備を適切に補充する重
要な機能を果たしている。

3．動産物権変動

（1）意義

　私たちの日常生活ないし経済活動において頻繁に行われている商品取
引の多くは動産売買であるため，動産の所有権の移転および確保のため
に何が必要であるかを知ることは，大変重要である。

　不動産物権変動との共通点は，①意思主義と対抗要件主義が採用され
ていること，②意思主義につき民法176条が適用されることであり，本
節では省略する。

　不動産物権変動との重要な相違点は，①対抗要件が引渡しであるこ
と，②公信の原則が採用されていることである。それは，次のような動
産取引の特色に由来する。第一に取引の簡易迅速性の要請，第二に高度
な流通性が挙げられる。こうした前提理解を踏まえつつ，それぞれにつ
いて以下に解説する。

（2）対抗要件としての引渡しの意義

　動産に関する物権の譲渡は，その動産の引渡しがなければ，第三者に
対抗することができない（178条）。動産物権の公示方法は，特別法によ

り登録・登記の対象とされている場合（第5章参照）を除いて，その動産を占有することである。登記に比して公示手段としては正確さに欠けるが，すべての動産を登記することは不可能または著しく困難であり，動産取引のたびに登記手続を要するのでは，簡易迅速性の要請に反するからである。

　占有（物に対する事実的支配）の移転を引渡しといい，これが動産譲渡の対抗要件とされている。Aが自己所有の絵画乙をBに売却した場合，Bが乙の引渡しをうけることが，その所有権取得をもって第三者に対抗するための要件となる。そのため，Bが引渡しをうける前にAが乙をCに対して二重に売却し，Cが先に引渡しをうけると，乙の所有者はCとなり，Bは所有権を失う。

（3）占有の公信力（即時取得制度）

（ⅰ）問題の所在　　上記の例において，Aが乙の管理をBに委ねてこれを引き渡したところ，Bがこれを自己所有と称してCに売却した場合，Cは乙の所有権を取得することができるか。Aの所有物をBが占有しており，これを所有権に基づいて占有しているものと信頼したCの保護の認否が問われるが，これは公信の原則の問題であり，動産において占有に公信力を認めるか否かによって決せられる。

　民法は，不動産と異なり動産取引については公信の原則を採用し，占有に公信力を認める明文規定を設けている。それが即時取得制度である（192条）。動産に関してはその所有と占有が合致しない場合がしばしばあり，動産取引における簡易迅速性の要請と高度な流通性に照らせば，第三者に対して権利関係に関する高度な調査確認義務を課すと，動産の円滑な流通が害されるおそれが生じるからである。

（ⅱ）即時取得の要件　　第三者の取引安全のために即時取得が成立す

るための主な要件は，①動産であること，②取引によって引渡しをうけたこと，③占有者にその動産に関する処分権限がないことにつき，善意無過失であったことである。

（ⅲ）**盗品・遺失物に関する例外**　　即時取得制度は，真正権利者の側の事情にも配慮している。それが，盗品・遺失物に関する適用例外である。たとえば，Aが乙を盗取されたかまたは紛失した場合において，CがBからこれを買い受けたときには，たとえCが即時取得の要件を充たしていたとしても，Aはその回復を求めることができる（193条）。ただし，第三者の取引安全との再調整が行われている。

　第一に，Aはいつまでも無制限に回復請求できるわけではなく，その期間は盗難または遺失時から2年間に限定される（193条）。

　第二に，2年以内に請求したとしても，Cが市場においてまたは商人から乙を買い受けた場合は，AはCが支払った代価を弁償することが，回復請求の条件となる（194条）。

　このように即時取得制度においても，真正権利者の保護の必要性と第三者の取引安全の要請との調和が図られている点に留意が必要である。

4.　共有

（1）共有の意義

　次に，所有の形態について学習しておこう。民法は，一個の物の共同所有の形態として共有について規定する（249条）。共有の発生原因は，甲建物をA・B・Cの共同出資により買い受けて，三者間の合意により共有とする場合が典型例であるが，法律上共有とみなされる場合もある。たとえば，相続人が複数存する共同相続（第15章参照）において，相続財産は，遺産分割（906条以下）によって具体的に分配・帰属が確定するまでの間，法定相続分に応じて各共同相続人の共有に属する（898

条，899条，900条）。

　それでは，共有物の支配につき，各共有者はどのような権利を有しているのか。単独所有の場合とどこが違うのか。以下に説明する。

（2）持分権

（ⅰ）**意義**　各共有者は，共有物の「全部」について，「持分」に応じた使用をすることができる（249条）。各共有者の所有権を持分権というが，持分とは，物理的な範囲を指すのではなく，権限の割合によって示される。すなわち，上記の例で，A・B・Cは建物の一部についてのみ所有権を有するのではなく，全員が建物全体の所有者である。だからといって，各自が自由に排他的支配してよいとすると，一個の建物につき相容れない複数の支配権が抵触することとなってしまい，一物一権主義の要請に反する。そこで，その権利行使を持分の限度に制限することによって調和が図られている。

　持分の割合は，共有者間の合意で定まるが，合意がなければ均等となる（250条）。上記の例では，A・B・Cの持分割合は3分の1ずつとなる。

（ⅱ）**持分譲渡の自由**　各共有者は，通常の所有者と同じく，自己の持分権につき自由に処分することができる。上記の例で，Aが甲の持分3分の1をDに譲渡するのは自由である。その場合共有者が入れ替わって，甲はB・C・Dの共有となる。

（ⅲ）**共有物の処分**　上記の例で甲建物そのものにつき売却あるいは建替えなどを行うためには，共有者全員の同意を要する。すべての共有者の持分権の処分にあたるからである。

（ⅳ）**共有物の変更**　共有物の性質を変更する場合は，共有者全員の同意が必要である（251条1項）。甲建物を増改築して居住用建物から店

舗にする場合などがこれにあたる。

（ⅴ）**共有物の管理**　　共有物の管理については，共有者の持分割合に応じてその過半数で決する（252条1項）。変更に至らない程度の増改築・改装などが該当する。

（ⅵ）**共有物の保存**　　共有物の維持に必要な保存行為は，各共有者が単独で行ってよい（同条5項）。修繕あるいは妨害排除などがこれにあたる。上記の例において，甲に不法占有者がいる場合，A・B・Cはそれぞれ単独で甲の明渡しを求めることができる。

（ⅶ）**共有物の使用収益**　　その他，共有物の使用収益方法については，共有者間の協議によってこれを決する。そのため，共有者の一人が，他の共有者との協議によることなく，これらの者を排除して共有物を独占的に使用することは，持分権の侵害にあたる。

（3）共有物分割請求の自由

　各共有者は，原則としていつでも共有物の分割請求をすることにより，共有関係を終了させることができる（256条）。共有物分割とは，各共有者間において共有物の帰属を確定するための手続である。分割方法については共有者間の自由な意思決定に委ねられるが，協議が調わないときは，裁判による分割となる（258条1項）。その方法は以下の通りである（同条2項，3項）。

（ⅰ）**現物分割**　　持分割合に応じて共有物を物理的に切り分けて分配する方法である（同項1号）。

（ⅱ）**換価分割**　　現物分割になじまない共有物については，裁判所が競売により換価処分した上で，持分割合に応じて売却代金を各共有者に配当する（同条3項）。

（ⅲ）**全面的価格賠償**　　共有物について共有者の一人による単独所有

とした上で，他の共有者に対して持分に相当する価格を賠償させる方法
も認められる（同条2項2号）。上記の例において，甲をAの単独所有
として，AがB・Cに対して持分価格を賠償する方法がこれである。A
BC間の協議によって決するのは自由であるが，それがない場合にAが
裁判所に請求した場合が問題となる。もっとも，これを当然に認める
と，共有者の一人が他の共有者を排除して共有物を独占するための手段
として濫用されるおそれがあるため，判例は，①特定の共有者に取得さ
せるのが相当と認められること，②賠償すべき持分価格が適正であるこ
と，③その共有者に支払能力があること，④共有者間の実質的公平を害
しないと認められる，特段の事情がある場合に限り，これを承認する
（最判平成8年10月31日民集50巻9号2563頁）。

（4）合有と総有

（i）問題の所在　一口に共同所有といっても，その目的はさまざま
であり，これにしたがってその形態も多様であってよいと考えられる
が，民法上規定されているのは共有の一形態のみである。上述の通り，
民法上の共有は，各共有者の持分譲渡および分割請求の自由を保障する
ものであり，各共有者の所有権の自由を尊重する形態であるが，つねに
こうした形態が妥当するとは限らず，団体所有としての実質を重視しつ
つ，個人所有権の自由よりも共同目的の実現のための団体的制約を優先
すべき場合も少なくない。

　そこで，判例・学説は，共有のほかに合有・総有という共同所有形態
を観念した上で，共同所有の実態に応じて，これらを共有に関する規定
にあてはめて解釈することにより，具体的妥当性の確保に努めている。

（ii）合有　各当事者が出資して共同事業を営むことを約する契約を，
組合契約といい（667条1項），組合契約の当事者を組合員とよぶ。そし

て，その出資により共同事業のために取得した財産は，総組合員の共有に属する（668条）。上記の例において，Ａ・Ｂ・Ｃが組合契約を締結しており，甲がその共同事業のための建物である場合，甲はＡ・Ｂ・Ｃの共有となる。しかしながら，組合契約が存続している間，Ａ・Ｂ・Ｃは持分譲渡および分割請求することができない（676条）。これらを自由にできるとすると，共同事業目的の達成に支障を来すおそれがあるからである。

　このように，共同目的のために各人の持分権の行使・処分が制限されている共同所有形態を「合有」とよび，学説は組合財産の共有についてこれを合有と解している。

（ⅲ）**総有**　　合有よりもさらに団体所有としての側面および団体的制約が大きいのが，総有である。たとえば，ある山村におけるＡ集落の住民全員が共同所有・利用・管理する山林乙がある場合，Ａのような村落共同体を入会団体といい，乙を入会地とよぶ。乙が公有地または特定の私人の所有でなければ，その所有形態は民法上共有となるが（263条），構成員個人には持分権がなく，入会団体の一員として入会地を使用収益することができるにすぎず，その管理・処分は団体の規約にしたがって決定される（最判昭和41年11月25日民集20巻9号1921頁）。

　また判例は，権利能力のない社団（第2章参照）の財産の帰属につき，構成員全員の総有と解している（最判昭和32年11月14日民集11巻12号1943頁）。

　法人でない団体は所有権の主体となり得ないため，その財産を構成員全員の共同所有とせざるを得ない場合において，各構成員の持分権を認めず，団体の一員として使用収益できるにすぎない形態を総有という。総有財産の管理処分は総会の決議によることになる。

　このように総有は，法律上は構成員全員の所有としつつ，共同所有の

実態に即して，実質的には団体所有に準じる運用を行うための概念である。

5. 占有に対する保護

（1） 占有権の意義

　建物に居住する，または本を所持するなど，物に対する事実的支配を指して占有という。一口に物を占有するといっても，所有権に基づいて占有する場合，その他の何らかの利用権に基づいて他人の物を占有する場合，さらには，他人の物を無断で不法占有する場合とさまざまである。民法は，その支配を基礎づける権利の有無・内容を問わず，占有という事実それ自体に対して一定の保護を与えており，占有の効果として認められる保護の総称として占有権という概念を用いて，これについてまとめて規定している（180条以下）。占有の効果は大変複雑であるため，本書では主なものについて概観するにとどめるが，このうち，動産の即時取得については前述しており（3.（3）），所有権の取得時効については第11章に譲る。

（2） 適法な権利の推定

　ある物の占有者は，適法な権利に基づいて占有しているものと推定される（186条）。たとえば，甲土地の所有権の帰属をめぐってAとBが争って訴訟になったとする。このときAが甲を占有していれば，同人に所有権が推定される。ここにいう推定とは，これをくつがえす反対事実の立証（反証）がない限り，Aに所有権があるものとして扱われることをいう。したがって，占有者Aは自分が所有権を取得したことを立証する必要はなく，これに異議を唱えるBの側においてAに所有権がないことを証明しなければ，Aに対して甲の明渡しを求めることはできない。こ

のような証明に関する負担を立証責任という。すなわち，占有者はその占有の効果として，自己の占有を基礎づける支配権に関する立証責任を免れるという意味において保護される。

　その趣旨は，占有が真正な権利関係に合致している可能性が高く，現に占有支配している者を第一次的に保護することが，所有権の効率的な保護に資すると解される点に求められている。

（3）善意占有者の果実取得権

　Aが所有する甲土地をBが権限なくCに売却して引渡し，Cが占有している場合，前述の民法94条2項類推適用法理の要件を充足しない限り，Cは無権利者にすぎないため，Aに対して土地を明け渡さなければならず，また，それまでの間に甲から生じた果実も返還しなければならないのが原則である。ところが，Cが自己に所有権があると信じて占有していたときは，占有物から生じた果実を適法に取得する（189条）。

　その趣旨は，占有物に対して資本と労力を投下して有効利用してきた善意占有者を保護する点に求められる。

（4）占有の訴え

（ⅰ）**意義**　占有者は，他人によってその占有が侵害された場合，その事実のみをもって，侵害の除去を求めることができる。これが占有の訴えに関する権利である。円満に行われている占有それ自体をただちに保護することが，所有権その他の利用権に対する簡易迅速な救済に資する場合が多いとともに，仮に不法占有であったとしても，真正な権利者の自力救済に基づく支配の回復を抑止する必要があるためである。以下の3つの類型に分かれる。

（ⅱ）**占有回収の訴え**　占有者がその占有を奪われたときは，占有回

収の訴えによりその返還を求めることができる（200条）。Aが占有する甲絵画をBが勝手に持ち去った場合がこれにあたる。たとえ甲の本当の所有者がBであったとしても、私人の実力行使による支配の奪還は自力救済にあたるため許されず、さしあたりAの請求が認められる。もっとも、これとは別に、Bが法定の手続に則って甲の所有権を主張することは妨げられず（202条1項）、これにより最終的には所有者が保護される。

（ⅲ）**占有保持の訴え**　占有者がその占有を妨害されたときは、占有保持の訴えによりその妨害の停止を求めること（妨害排除請求）ができる（198条）。A所有の甲土地の一部をBが不法占有しているかもしくは粗大ごみを廃棄した場合、占有が全面的に奪われたわけではないが、円満な支配が害されており、AはBに対して土地明渡しまたは廃棄物の撤去を求めることができる。

（ⅳ）**占有保全の訴え**　占有者がその占有を妨害されるおそれがあるときは、占有保全の訴えによりその妨害の予防を求めることができる（199条）。A所有の甲土地に隣接するB所有の乙土地の崖が緩んで土砂崩れのおそれがある場合、AはBに対して崖の補強工事など、妨害の発生を防止するために必要な措置を講じるよう求めることができる。

参考文献

・河上正二『物権法講義』（日本評論社，2012年）

・山野目章夫『物権法〔第5版〕』（日本評論社，2012年）

・松岡久和『物権法』（成文堂，2017年）

・佐久間毅『民法の基礎2　物権〔第2版〕』（有斐閣，2019年）

・秋山靖浩，伊藤栄寿，大場浩之，水津太郎『物権法〔第2版〕』（日本評論社，2019年）

・石田剛，武川幸嗣，占部洋之，田高寛貴，秋山靖浩『民法Ⅱ　物権〔第3版〕』（有斐閣，2020年）

・近江幸治『民法講義Ⅱ　物権法〔第4版〕』（成文堂，2020年）

7 | 売買と法

《目標&ポイント》 売買契約という最も典型的な契約を主な素材として取り上げつつ，契約の種類，契約の成立，履行の牽連性に関する基礎知識の習得を図る。

《キーワード》 双務契約・片務契約，有償契約・無償契約，諾成契約・要物契約・要式契約，申込・承諾，定型約款，クーリング・オフ，手付，同時履行の抗弁権，危険負担

1．契約の分類

（1）日常生活と契約

　私たちの日常生活・経済活動は，さまざまな契約によって支えられている。本章の主な素材はその典型である売買契約であるが，はじめに，民法はいかなる種類の契約について規定を設けているのか，そしてそれらについて学習する上で諸契約をどのように分類するのが効果的なのかにつき，簡潔に説明する。

（2）契約自由の原則と典型契約

（ⅰ）典型契約の意義　　民法典第3編債権編・第2章契約に掲げられている13種類の契約類型を，典型契約という。契約自由の原則により，誰とどのような契約を締結するかについては，原則として当事者の自由に委ねられているが（521条），民法は一定の類型をモデルとして提示す

るとともに，各類型における標準的な権利義務内容について定めることにより，私たちの契約自由を支援する役割を担っている。民法に明文規定がない契約を無名契約というが，無名契約を締結するのは自由であり，その中には取引社会において頻繁に用いられているものも多い。また，契約に関する規定の多くは任意法規であるため，典型契約を締結するに際しても，それが不公正なものでない限り，当事者間の特段の合意によって民法上の規定と異なる内容に適宜修正してよい（特段の合意がなければ民法上の規定にしたがう）。

　それでは，典型契約にはどのようなものがあるか。以下に主な分類を示そう。

（ⅱ）給付内容に応じた分類

●財産移転型　　所有権をはじめとする財産権の移転を目的とする契約として，売買・贈与・交換契約が挙げられる。

●貸借型　　物の貸借を目的とする契約は，賃貸借・使用貸借・消費貸借に分かれる。不動産や図書などのように，借りた物と同一の物をその原状において返還しなければならないのが賃貸借と使用貸借，これに対して，金銭の貸し借りなど，借りた物を消費した後で同種・同等ないし同質・同量の物の返還を要するのが消費貸借である。賃貸借と使用貸借の違いは対価としての賃料支払の要否（有償・無償）にある。

●労務提供型　　物や金銭ではなく一定の労務ないし役務の提供に重点を置く契約類型として，雇用・請負・委任の3種類を挙げておく。相手方の指揮監督にしたがって労務を提供することが義務づけられるのが雇用であるのに対して，請負・委任においては労務を提供する当事者の裁量に委ねられている。このうち請負は，建物建設や洋服の仕立てなど，一定の仕事を完成させて契約上定められた結果を提供することが求められる契約であり，委任は，弁護士への訴訟委任など，契約にしたがって

誠実かつ適切に事務処理を行うことを内容とする契約である。このほか，他人の物の保管を目的とする寄託契約，共同事業の実施を目的とする組合契約がある。

（iii）成立要件に応じた分類

●諾成契約　　当事者間の合意のみによって成立する契約を諾成契約という。契約自由を最大限に尊重するため，民法上は諾成契約が原則であり（522条1項），売買をはじめとする民法上の契約の多くがこの類型に属する。契約自由の一つである方式の自由により，契約の締結に際して書面作成等の方式を用いるかどうかについては原則として当事者の自由である（同条2項）。なお，ここにいう合意の意味については後にさらに解説する。

●要物契約・要式契約　　当事者間の合意に加えてさらに，目的物の引渡しが完了してはじめて成立する契約を要物契約，書面作成など一定の方式を備えてはじめて成立する契約を，要式契約という。要物契約として消費貸借，そのほか典型契約ではないが質権設定契約が挙げられる。要式契約としては，これも典型契約ではないが保証契約が重要である。

●双務契約・片務契約　　当事者双方が互いに対立する債務を負担し合う契約を双務契約，一方当事者のみが債務を負う契約を片務契約という。売買や賃貸借など多くは双務契約に属するが，贈与は片務契約である。

●有償契約・無償契約　　双務・片務契約の分類にほぼ対応するが，物または労務ないし役務の提供に対して対価を給付する義務の有無に応じて，契約は有償・無償に分類される。有償・無償の区別に応じて契約当事者の利益バランスのあり方が異なり，契約の拘束力の強弱，契約に適合しない物・労務・役務を提供した当事者の責任の軽重に反映される。

　有償契約の典型が売買であり，売買に関する規定は他の有償契約につ

いても準用される（559条）。その意味において売買が契約法の原則を体現するため，以下では売買を対象として解説する。

2.　売買契約の成立

（1）売買契約とは

（ⅰ）双務・有償・諾成契約　　売買は，当事者の一方がある財産権を相手方に移転することを約し，相手方がこれに対してその代金を支払うことを約することによって成立する，双務・有償・諾成契約である（555条）。目的物が動産・不動産のいずれであるかを問わない。物の所有権以外の財産権（制限物権，債権など）も売買の対象となる。

（ⅱ）特別法による修正　　諾成契約の原則に対する修正として，事業者と消費者間の消費者契約に関する特別法が挙げられる。これらによれば，訪問販売，電話勧誘販売，割賦販売など，法が定める特定の類型に属する消費者取引において，事業者には契約上の重要事項を記載した書面の交付が義務づけられる（特定商取引法 4 条，18条，割賦販売法 4 条など）。その目的は，契約内容を明確化して消費者の十分な認識を確保することによって，同人の契約自由を保障することにある。

（2）申込みと承諾

（ⅰ）申込みと承諾の合致　　諾成契約は，契約の内容を示してその締結を申し入れる意思表示（申込み）に対して，相手方が承諾したときに成立する（522条 1 項）。そのため契約成立に必要な合意とは，申込みと承諾の意思表示の合致をいう。相手方が申込みに対して条件を付して，その他変更を加えて承諾したときは，契約は成立せず，その申込みの拒絶とともに，新たな申込みをしたものとみなされる（528条）。

（ⅱ）申込みの拘束力　　申込みの意思表示だけでは契約は成立しない

ため，申込み後であっても申込者は，相手方から回答があるまではいつ
でも申込みを撤回できてよさそうである。しかしながら，承諾期間を定
めてした申込みは，その期間内は撤回することができず（523条1項本
文），承諾期間を定めないでした申込みも，承諾に必要な相当期間を経
過するまでは撤回できない（525条1項本文）。承諾に備えて準備してい
た相手方に不測の損害を蒙らせないためである。これを申込みの拘束力
という。

（ⅲ）**申込みの誘引**　申込みの意思表示と区別すべきものとして，申
込みをさせるために不特定多数の人に向けて発せられた，申込みの誘引
がある。たとえば，求人広告は雇用契約における申込みの誘引であり，
これに対する応募が申込みにあたるのであって，誰かが応募した時点で
は未だ契約は成立せず，採用通知にあたる承諾の意思表示が必要であ
る。すなわち，申込みの誘引→申込み→承諾によって契約が成立する。

　このほか，販売店頭における見本と値札の提示も，一般に申込みの誘
引と解されている。そのため，これを見た者が購入したい旨を告げて
も，それは申込みにすぎず，契約は未だ成立しないから，店主が品切れ
等を理由に承諾を拒むのはなお自由である。

　さらに，下級審裁判例には，インターネットのショッピングサイト上
における商品および価格の表示につき，申込みの誘引と解したものがあ
る（東京地判平成17年9月2日判時1922号105頁）。

　もっとも，申込みの誘引と申込みの区別は機械的に決まるものではな
く，取引上の社会通念および，不特定多数の他者に向けたメッセージの
趣旨にしたがい，これに応じた者に対する諾否の自由を認めるのが妥当
かどうかによって，判断される。

（3）交渉による合意

　不動産などの重要財産に関する契約や事業者間の契約などにおいて
は，申込みと承諾の単純な合致ではなく，当事者間の交渉を通して契約
内容が順次決定され，最終的な契約成立のための合意に至るというプロ
セスをたどる場合が多い。契約を成立させる旨の意思の合致を要する点
においては民法上の原則が妥当するため，合意に達しなければ契約は成
立せず，また，契約するかどうかは自由であるから（521条 1 項），当事
者が契約交渉を中途で打ち切って締結を拒絶しても，責任を負わないの
が原則である。

　しかしながら，交渉および契約準備が進捗して，当事者の一方が契約
成立に至る旨の正当な期待を相手方に抱かせた上で，契約交渉を不当に
破棄してその信頼を害した場合につき，最高裁には，契約締結に至らな
い契約準備段階であっても，契約類似の信頼関係に基づく信義則上の義

Column

歯科医師入居交渉拒絶事件判決

　最高裁（最判昭和59年 9 月18日判時1137号51頁）は，マンション
販売業者Ｘと歯科医師Ｙとの間で，あるマンションの分譲入居交渉
が進捗していたが未だ売買契約の締結に至っていない段階におい
て，Ｙが同マンション内で歯科医を開業するために居室のレイアウ
トや電気容量を変更する必要がある旨を告げたところ，Ｘがこれに
応じて契約締結のための準備として変更工事を行ったが，その後に
なってＹが購入を拒絶したため，Ｘが工事費用の賠償を求めて訴訟
を提起した事案において，信義則を根拠とする損害賠償義務を認め
た。

務が生じるとして，交渉の不当破棄によって相手方が蒙った損害を賠償
すべき責任を認めたものがある（最判昭和59年9月18日判時1137号51頁）。
ただし，この場合であっても契約を締結すべき義務はないため，契約の
締結および履行を強制することはできず，契約準備のために要した費用
の賠償が認められるにとどまる。

（4）定型約款

（ⅰ）**意義**　　ある特定の者が不特定多数の者を相手方として行う取引
であって，その内容の全部または一部が画一的であることがその双方に
とって合理的な取引を，定型取引という（548条の2第1項柱書）。そし
て，定型取引において，契約内容とすることを目的としてその特定の者
により準備された条項の総体を指して，定型約款という（同柱書）。売
買に限らず銀行取引や運送契約など，私たちが事業者との間で行ってい
る取引の多くにおいて，約款が用いられている。そのメリットは，不特
定多数の顧客に対し，同一条件において迅速かつ効率的に物または役務
を提供することに資する点にある。

　しかしながら，約款は，物または役務を提供する事業者の側が一方的
に作成・提供した様式であり，その内容に関する個別的な交渉および合
意なくして，これに対する相手方の従属的かつ包括的な同意によって契
約内容とするものであるため，相手方の契約自由の保障が問題となる。

（ⅱ）**合意の要件**　　定型約款は，ⅰ．これを契約内容とする旨の合意
をしたとき，ⅱ．定型約款を準備した者が予めこれを契約内容とする旨
を相手方に表示していたときには，その個別条項についても合意したも
のとみなされる（548条の2第1号，第2号）。定型約款準備者は，相手
方から請求があった場合，約款の内容を開示しなければならない（548
条の3第1項）。

（ⅲ）**不当条項の排除**　　定型約款を契約内容とする旨の合意があったとしても，その個別条項のうち，相手方の権利を制限し，または相手方の義務を加重する条項であって，その定型取引の態様およびその実情ならびに取引上の社会通念に照らして，信義則に反して相手方の利益を一方的に害するものについては，合意をしなかったものとみなされ，契約内容から排除される（548条の 2 第 2 項）。

3.　売買契約の拘束力

（1）原則

　当事者は契約が成立するまでは自由であるが，成立後はその契約に拘束され，その履行に向けて責任を負う。無償契約である贈与については，贈与者の負担緩和のため，書面によらない贈与の解除が認められているが（550条），有償契約においては原則として，相手方との合意または重大な契約違反がない限り，各当事者は中途で契約を解除することはできない。ただし，その例外として，以下の 2 つが重要である。

（2）手付

（ⅰ）**意義**　　売買契約の締結に際して，買主が売主に対して手付として一定額の金銭を交付することがある。契約が無事に履行されればそれは代金の一部に充当されるが，それ以外にどのような意味があるか。具体的には手付を交付する趣旨に応じて定まるが，基本的に以下の機能が認められる。

（ⅱ）**証約手付**　　契約が成立した証拠として交付する手付を，証約手付という。手付がもつ最低限の機能である。

（ⅲ）**解約手付**　　民法が定めるのがこの解約手付である（557条 1 項）。この場合において手付は契約解除権の留保としての意味をもち，買主は

手付を放棄し，売主はその倍額を提供することにより，理由を問わずに契約を解除することができる。たとえば，Aが自己所有の甲建物をBに対して3000万円で売却するに際して，BがAに対して手付として300万円を交付した場合，Bは手付金を放棄して，またはAは倍額の600万円をBに提供することにより，契約を解除してよい。そのため解約手付は，契約の拘束力に対する例外として機能する。

　ただし，いつまでもこのような解除ができるわけではなく，相手方がその契約の履行に着手した後は，もはや解約手付による解除は認められない（同項ただし書）。上の例で，Bが銀行から購入資金を借り入れ，甲への入居の準備を始めていた場合，Aからの解除は認められない。相手方が手付金額を上回る損失を蒙るおそれがある上，契約の実現への正当な期待を害してはならないからである。

（iv）違約手付　　当事者の一方が契約を遵守しなかった場合に備えて，予め違約金を提供させる趣旨において交付される手付を，違約手付という。なお判例は，違約手付として交付された場合であっても，解約手付に基づく解除の主張を認める（最大判昭和24年10月4日民集3巻10号437頁）。

（3）クーリング・オフ

　民法ではなく，消費者保護を目的とする特別法に基づくものであるが，契約成立後に脱退を認めるための法的手段として，クーリング・オフがある。上述の通り，割賦販売，訪問販売，電話勧誘販売といった特定の類型に属する消費者取引においては，契約の締結に際して事業者に書面交付義務が課せられているが，さらに書面交付から8日を経過するまでの間，消費者はその理由を問わずに，申込みの撤回または契約の解除を行うことができる（特定商取引法9条，24条，割賦販売法35条の3

の10）。これをクーリング・オフという。契約締結後にあらためてその
内容を確認した上で，最終的にこれにしたがうかどうかに関する考慮機
会を確保することにより，消費者の契約自由を保障するための特別な法
的手当てである。

4.　売主・買主の権利義務

（1）売主の義務

（ⅰ）**財産権の移転**　　売買契約が成立すると，売主は買主に対して，
所有権をはじめとして，売買の対象とされた財産権を移転する義務を負
う。

（ⅱ）**対抗要件の具備**　　また売主は買主に対して，登記，登録その他
売買の対象とされた財産権の移転について対抗要件を備えさせる義務を
負う（560条）。不動産売買であれば，売主は買主に対して所有権移転登
記手続の申請に協力すべき義務を負う。

（ⅲ）**目的物の引渡し**　　売主は買主に対して，契約で定められた方法
にしたがって，目的物を引き渡さなければならない。その内容は，目的
物が特定物・種類物のどちらであるかによって異なる。

　特定の不動産や美術品売買のように，契約成立当初から引き渡すべき
目的物が具体的に確定している場合を，特定物売買という。売主はその
引渡しをするまで，契約および取引上の社会通念に照らして定まる善良
なる管理者の注意をもって，その物を保存する義務（善管注意義務）を
負う（400条）。

　これに対して，一般に市販されている商品売買のように，契約成立時
に目的物の種類・品質・数量のみが定められているにとどまる場合を，
種類売買という。売主は，引き渡すべき時までに，契約に適合する物を
市場から調達して引き渡す義務を負う。

（2） 買主の義務

（ⅰ） 代金の支払　買主は売主に対して，契約で定められた額の代金を支払わなければならない。

（ⅱ） 目的物の受領　買主は，売主が上記の債務の履行として提供した目的物が契約に適合している場合，これを受領する義務を負うか。債務者からの履行を受領するのは債権者の権利であって義務ではないともいえるが，買主が受領しなければ履行が完了しないため，受領しないことにより売主が損害を蒙ることがあり得る。そこで，買主が正当理由なく受領を拒み，または不在などのために受領できないことによって，履行のための費用が増加したときは，買主がその増加額を負担しなければならない（413条2項）。

5． 双務契約上の牽連関係

（1） 意義

　売買のような双務契約において各当事者が負担する債務は，形式的にはそれぞれ別個のものであるが，実質的にみれば契約の実現に向けて相互に関連し合う関係に立つ。これを両債務の牽連関係という。

（2） 成立上の牽連関係

　売主・買主どちらか一方の意思表示が無効であるためにその債務が有効に成立しない場合，たとえ他方の意思表示が有効であったとしても，一方の債務の発生のみでは契約が成り立たないため，売買契約全体が無効となる。

（3） 履行上の牽連関係・その1 （同時履行の抗弁権）

（ⅰ） 意義　売主・買主の債務がそれぞれ別個のものであるとすれば，

弁済期が到来すれば，相手方の履行の有無にかかわらず自己の債務を履行しなければならないはずである。しかしながら，双務契約の当事者の一方は，相手方がその債務の履行を提供するまでは，自己の債務の弁済期に相手方から履行を請求されても，これを拒むことができる（533条本文）。この履行拒絶権を同時履行の抗弁権という。抗弁権は請求権と対立する権利であり，請求の拒絶を正当化する法的手段である。たとえば売主は，買主から代金の提供があるまで目的物の引渡しを拒むことができる。その趣旨は，相互間の引換給付による履行の同時性によって当事者間の公平を図るとともに，互いの債務の履行を確保する点にある。相手方が履行しないのに自分だけが履行しなければならないのでは不公平であり，履行を拒絶することが相手方の履行を促進するからである。

（ⅱ）**要件**　　相手方の債務について弁済期が到来していない場合は，同時履行の抗弁権は成立しない（同条ただし書）。両債務の弁済期が同一である必要はなく，契約自由に委ねられるが，商品の売買においては，売主が目的物を引き渡した後一定期間内に買主が代金を支払う旨の合意がしばしば行われる。このような形態の売買を信用売買という。この場合売主は先履行義務を負うため，同時履行の抗弁権は認められない。

（ⅲ）**効果**　　同時履行の抗弁権は弁済期に履行しないことを正当化するため，相手方から履行の提供があるまで，自己の債務を履行しなくても履行遅滞の責任が生じない。

（4）履行上の牽連関係・その2（危険負担）

　契約締結後に震災によって売買目的物である建物が滅失してしまい，売主の引渡し債務が履行不能となった場合，買主はその履行を請求することができなくなる（412条の2第1項）。それでは，その反対債務であ

る買主の代金債務はどうなるであろうか。双務契約において，一方当事者の債務が不可抗力など当事者双方の責めに帰することができない事由によって履行不能となった場合，その損失負担は，相手方が負っている反対債務の履行の可否に反映される。これを危険負担という。この場合，相手方は反対債務の履行を拒むことができる（536条1項）。上の例では買主は代金の支払を免れ，売主が危険を負担する。すなわち民法は，履行不能となった債務の債務者がその危険を負担すべき旨の債務者主義を採用する。売主が建物の引渡しをすることができなくなったにもかかわらず，買主だけが代金を支払わなければならないというのは不公平であり，売主は自己の債務を履行できない以上，相手方から履行を得られなくなってもやむを得ない，といえるからである。なお，買主はさらに売買契約を解除することができる（第8章参照）。

参考文献

・中田裕康『契約法』（有斐閣，2017年）
・潮見佳男『基本講義 債権各論Ⅰ〔第3版〕』（新世社，2017年）
・山本豊，笠井修，北居功『民法5 契約』（有斐閣，2018年）

8 | 契約違反と救済

《目標＆ポイント》 履行の実現および債務不履行に対する救済方法とともに，目的物が契約に適合しない場合における特則について学習する。
《キーワード》 履行の強制，債務不履行責任，解除，契約不適合，追完請求，代金減額請求

----

1. 履行の実現

（1）履行請求

　債務者は債務の本旨にしたがって履行しなければならず，弁済期において債権者はその履行（任意履行）を請求することができる。履行請求権に関する明文規定は存しないが，これから解説する債務不履行に関する民法上の救済手段は，履行請求権の存在を前提としている。

　履行が不能となった場合，履行請求権は消滅し（412条の2第1項），債権者はその他の救済手段（損害賠償責任，解除）によるべきことになる（同条2項）。履行が不能となったといえるかどうかについては，契約の性質および取引上の社会通念に照らして判断され，目的物の滅失などによる物理的な不能にとどまらず，履行に過分な費用・労力を要するなど著しく困難となった場合も含まれる。ただし，金銭債務は，通貨が発行・流通している限り履行不能とならない。

　たとえ弁済期に履行が行われたとしても，それが債務の本旨に適っていない不完全履行であれば，債権者は完全履行請求として，履行のやり

直しあるいは補完などの追完を求めることができる。

（2）履行の強制

（ⅰ）**意義**　契約の有効な成立は，その履行の実現のために国家機関（裁判所）の助力を得られることを意味するため，債務者が任意に履行しないときは，債権者は，民事執行法その他強制執行の手続に関する法令の規定にしたがい，履行の強制的実現を図ることができる（414条1項）。その方法は債務の種類に応じて異なっており，債権の効果的な実現と債務者の人格尊重との調和が図られている。なお，債権者が法定の手続によらずに，実力行使によって履行を強制することは許されない（自力救済の禁止）。

（ⅱ）**直接強制**　物または金銭の給付を目的とする債務につき，債権者は，直接強制の方法による履行の強制を裁判所に対して請求することができる。金銭の支払については，債権者の申立てに基づいて債務者の特定の財産に対して差押えを行い，これを裁判所による強制競売によって換価処分した上で，その売却代金から配当をうけることができる。物の引渡しに関しては，裁判所の執行官が債務者から目的物を取り立てて債権者に引き渡す方法（動産の場合）または，債務者に明渡しを命じる方法（不動産の場合）による（民事執行法168条以下）。

（ⅲ）**代替執行**　労務ないし役務の提供のような一定の作為を目的とする債務は，その性質上，債務者の身体的圧迫をともなう直接強制になじまない。そのような債務に関する強制執行の方法として第一に，代替執行がある（同法171条）。債務者の費用で第三者にその作為をさせる方法である。名誉毀損における謝罪広告や，不法に投棄されたゴミの撤去などがその例である。

（ⅳ）**間接強制**　第二の方法が間接強制である（同法172条）。講演や

原稿執筆あるいは演奏など，債務者本人が任意に行わなければ債務の本旨に適う履行が期待できない債務について，裁判所が相当と認める一定額の金銭の支払を債務者に命じることにより，間接的に履行を強制する方法がそれである。なお，間接強制は，騒音をともなう営業を深夜に行わないなど不作為を目的とする債務についても，適用される。

2. 損害賠償責任

(1) 意義

　強制執行になじまない履行不能または，強制執行によって履行が実現したものの遅滞した場合あるいは，債権者が強制執行による実現を望まない場合などにおける救済手段として，債務不履行を理由とする損害賠償責任がある（415条）。

(2) 債務不履行の類型

（i）**主要な給付義務の不履行**　　債務不履行の態様は，①債務者が債務の本旨にしたがった履行をしない場合（履行遅滞），②履行ができない場合（履行不能）に大別される（415条1項）。判例・学説はこれに③履行がされたが債務の本旨に適っていない場合（不完全履行）を加えて，3類型に分ける。なお，③不完全履行は，追完が可能である場合は①履行遅滞に，追完が不能である場合は②履行不能に準じて扱われる。

（ii）**付随義務違反**　　近時の学説はさらに，安全配慮義務や説明義務などの付随義務違反を加える。付随義務とは，契約上定められた主要な給付義務（目的物の引渡し，代金支払など）に付随して，信義則を根拠として判例が認める義務をいう。たとえば雇用契約において使用者は，報酬支払義務に付随して，労働者の生命・身体の安全に配慮すべき義務を負う（最判昭和59年4月10日民集38巻6号557頁）。また，金融商品を販

売する金融機関は，顧客に対して商品を提供するだけでなく，契約締結に際して当該商品のリスクについて説明すべき義務を負う（最判平成23年4月22日民集65巻3号1405頁）。

（3）損害賠償責任の内容

（ⅰ）**遅延賠償と塡補賠償**　　遅延損害金など，履行遅滞によって生じた損害の賠償が遅延賠償である。そして，目的物の価格相当額など，履行不能または債務者の明白な履行拒絶もしくは，契約が解除された場合においては，履行に代わる損害賠償として塡補賠償が行われる（415条2項）。

（ⅱ）**通常損害と特別損害**　　債務者が賠償すべき損害について，保護されるべき合理的な範囲に限定すべく，民法は次のように規定する（416条）。第一に，債務不履行によって通常生ずべき損害（通常損害）が賠償すべき損害となる（同条1項）。通常損害とは，契約の性質および取引上の社会通念に照らして，債権者が誰であってもその債務不履行によって当然生じると解される損害をいう。目的物が滅失した場合における価格相当額あるいは代替品の調達費用などがこれにあたる。

　第二に，通常損害に含まれず，特別の事情によって生じた損害（特別損害）であっても，当事者がその事情を予見すべきであったときは，これも賠償すべき損害に含まれる（同条2項）。その債権者に固有の事情によって生じた損害がこれにあたる。Aが甲建物をBに売却する旨の売買契約において，Aが履行期に甲を引き渡さなかった場合において，Bの転売利益あるいは営業上の損失などがその例であり，Bの転売目的または特別な用途についてAが予見すべきであったと認められれば，これについて賠償すべきことになる。

（ⅲ）**金銭債務の特則**　　金銭債務の履行遅滞については損害の証明は

必要ではなく（419条 2 項），法定利率（年 3 ％。404条 1 項 2 号）または約定利率にしたがって賠償額が算定される（419条 1 項）。

（4）免責事由

　債務者は，自ら約した債務の履行をしないかまたはできないときは，損害賠償責任を負うのが原則であるが，債務不履行が，契約の性質および取引上の社会通念に照らして債務者の責めに帰すことができない事由によるものであったときは，免責される（415条 1 項ただし書）。上記の例において，甲が震災または近隣で発生した火災などの不可抗力によって滅失した場合などがこれにあたる。

　ただし，金銭債務の履行遅滞については，不可抗力による遅延は免責事由とならない（419条 3 項）。

3．契約の解除

（1）意義

　債務不履行により契約の実現に対する合理的期待を欠くに至った場合における債権者の救済手段が，解除である。これによって債権者はその拘束力から逃れ，履行を免れる。

（2）解除の方法

　契約の途中であっても当事者が双方の合意によって解除（合意解除）するのは自由であるが，民法は，一方当事者による解除権行使による解除について規定している。すなわち，当事者の一方が解除権を有するときは，その解除は相手方に対する権利行使の意思表示によって行う（540条 1 項）。取消しの方法と同じである。

　解除は，解除権の発生原因に応じて次の 2 種類に分かれる。

（3）約定解除と法定解除

（i）**約定解除**　契約において予め解除事由（一方当事者に解除権を発生させる一定の事由）について定めておき（約定解除権の留保），該当する場合に解除ができるとする方法を，約定解除という。たとえば，不動産賃貸借において，賃借人による一定期間の賃料滞納あるいは無断増改築があった場合，賃貸人は直ちに解除することができる旨の解除条項を設けた場合などがこれにあたる。

（ii）**法定解除**　解除権は，契約において約定していなくても，法が定める一定の事由によって発生する。これを法定解除といい，債務不履行を理由とする解除がこれにあたる。法定解除には，これ以上契約を維持しがたいと認められる程度の債務不履行が必要であり，軽微な不履行では解除権が発生しない。民法はその要件について以下のように規定している。

（4）法定解除の要件

（i）**催告解除**　債務者が弁済期に履行しない場合（履行遅滞），債権者は，①相当の期間を定めて催告（裁判外における履行請求）を行い，②その期間内に履行がないときは，契約を解除することができる（541条1項）。履行を遅滞している債務者に対して，一定の猶予期間を設けて再度履行の機会を与えたにもかかわらず，なお履行がないときは，もはやその実現は期待できないと認められるからである。

　ただし，その不履行が軽微であるときは解除ができず（541条ただし書），履行の強制あるいは損害賠償による救済が認められるにとどまる。

（ii）**無催告解除**　債務者に対して履行を催告しても意味がない場合は，催告を要せずただちに解除することができる。それは以下の場合である（542条1項）。

●履行不能　　債務の全部が履行不能となった場合（同項 1 号）。催告は履行が可能であることを前提とする措置だからである。

●明確な履行拒絶　　債務者がその債務の履行を拒絶する意思を明確に表示した場合（同項 2 号）。履行拒絶が明白であり，催告しても翻意する見込みがないと認められる場合がこれにあたる。

●一部不能または拒絶　　債務の一部について履行不能または明確な履行拒絶が認められるにとどまる場合であっても，残存部分のみでは契約目的を達成することができない場合は，上記の場合と同様となる（同項 3 号）。

●定期行為　　ウェディングドレスの仕立ておよび引渡しなど，契約で定められた特定の日時または期間内に履行がなければ，契約目的を達成することができない場合において，その日時または期間内に履行がなかったときは，債権者はただちに解除することができる（同項 4 号）。

●その他の契約目的不達成　　上記に掲げた場合のほか，催告をしても契約目的を達成するに足りる履行がされる見込みがないことが明らかであるときも，同様である（同項 5 号）。

（ⅲ）**例外**　　債務不履行が債権者の責めに帰すべき事由による場合，解除権は発生しない。債権者が債務の履行を妨害した場合や，債権者の故意または過失によって履行不能となった場合などがこれにあたる。

　債務不履行が債務者の責めに帰すべき事由によるものであるか否かは問わない。損害賠償責任と異なり，解除は債務者に新たな責任を負わせるものではなく，契約を維持しがたい事由の有無が重要だからである。Aが甲建物をBに売却する旨の売買契約において，甲の引渡しが天災や近隣で発生した火災などの不可抗力によって履行不能となった場合，Aに損害賠償責任は発生しないが，Bは契約を解除することができる。

（5）解除の効果

（ⅰ）契約関係の消滅　　約定解除・法定解除を問わず，解除権が行使されると，当事者は契約の拘束力から逃れ，契約上の債権債務は消滅するため，各当事者はその履行を免れる。

（ⅱ）原状回復義務　　当事者は，契約が成立しなかった状態すなわち，契約上の給付を原状に復旧させる義務を負う。そのため，解除権の行使に先立って，債務の全部または一部についてすでに履行が行われていた場合，その相手方は受領した給付を返還しなければならない（545条1項本文）。売買契約が解除された場合，買主は目的物を返還し，売主は受領した代金に受領時からの利息を付して返還すべき義務を負う（同条2項）。

　ただし，原状回復義務の履行によって第三者の権利を害することができない（同条1項ただし書）。Aが甲建物をBに売却する旨の売買契約において，AはBに対して所有権移転登記手続を行ったが，Bが売買代金を支払わないためAが解除した場合，すでにBが甲をCに転売して所有権移転登記を了していたときは，AはCに対して甲の返還（登記名義の回復）を求めることができない。

（ⅲ）損害賠償責任　　債務不履行に対する救済手段として，損害賠償と解除は択一的ではなく，解除権の行使は損害賠償の請求を妨げない（545条4項）。そのため，債権者は解除によって自己の債務を免れるが，なお損害が発生しているときは，さらにその賠償を求めることができる。

4．契約不適合

（1）意義

　民法は，売買において引き渡された目的物が，種類，品質または数量

に関して契約内容に適合しない場合における売主の責任について，特則を設けている（562条以下）。売主は契約内容に適合する目的物を引き渡すべき義務を負うため，上記のような契約不適合は債務不履行にあたるが，これに対する買主の権利に関する具体化および特則化が行われている。

（2）追完請求権

買主は，目的物の修理，代替物または不足分の引渡しによる履行の追完を請求することができる（562条1項）。

上記の追完方法については買主の選択にしたがうのが原則であるが，売主は，買主に不利益な負担を課すものでなければ，買主の請求と異なる方法によって追完することができる（同項ただし書）。たとえば，買主が代替物の引渡しを求めた場合であっても，迅速かつ適切な修補が可能であれば，売主は修補によって履行を追完してもよい。

契約不適合が買主の責めに帰すべき事由によるものであるときは，買主は追完請求することができない（同条2項）。

（3）代金減額請求権

（ⅰ）意義　　買主は，契約不適合の程度に応じた目的物の減価分につき，代金の減額を求めることができる（563条）。売買が有償契約であることにかんがみて，引き渡された目的物の価値と支払うべき代金額との間における対価的均衡の調整を図ることが，この特則の目的である。

（ⅱ）要件（追完請求権との関係）　　代金減額は目的物が契約に適合しない状態のままであることを前提とする救済手段であるため，上記の追完請求とは択一的関係に立つ。しかしながら，両者の関係については，買主の自由選択によるのではなく，第一次的には追完請求による適正な

履行の実現を目指すことが求められ，代金減額は，追完請求が意味をなさない以下の場合における第二次的な救済手段として位置づけられている。

　代金減額請求の要件は，ⅰ．追完不能（563条2項1号），ⅱ．売主による明確な追完拒絶（同項2号），ⅲ．定期行為（同項3号），ⅳ．その他追完される見込みがない場合（同項4号）のいずれかに該当することである。

　なお，代金減額は損害賠償とは異なる救済手段であり，契約不適合に関する売主側の帰責事由の有無にかかわらず認められるが，追完請求におけると同じく，契約不適合が買主の帰責事由によるものであるときは，買主は代金減額請求することができない（同条3項）。

　たとえば，Aが甲建物をBに売却する旨の売買契約において，不可抗力によって甲が損傷した場合，Bは損害賠償を求めることはできないが，追完不能等の場合は，損傷の程度に応じた代金減額請求は可能である。ただし，甲の損傷がBの故意・過失による場合は追完請求も代金減額請求も認められない。

（4）損害賠償請求権

　追完請求権または代金減額請求権の行使は，債務不履行責任としての損害賠償請求（415条）を妨げない（564条）。買主は，追完が弁済期を徒過した場合における遅延損害，追完が不十分であったために負担すべき追完費用あるいは，目的物の減価以外に予見すべき特別損害が発生した場合などにおいて，追完または代金減額請求に加えて，民法415条および416条にしたがって損害賠償請求することができる。

（5）　解除

　代金減額請求は契約を維持することを前提とするため，解除とは相容れない救済手段であるが，追完請求権の行使は，債務不履行を理由とする解除権の行使（541条，542条）を妨げない（564条）。買主は，追完を催告しても行われない場合あるいは，追完が不能または不十分であったために契約目的を達成することができない場合などにおいて，契約を解除することができる。

（6）　権利行使期間

　目的物の引渡しを受けた買主は，その契約不適合について知った時から1年以内に，売主に対してその旨を通知しなければ，契約不適合を理由とする追完請求，代金減額請求，損害賠償請求，解除権の行使をすることができない（566条本文）。

　ただし，この期間制限は，売主が引渡し時において契約不適合について悪意であったか，または知らなかったことにつき重過失があった場合には適用されない（566条ただし書）。

（7）　有償契約への準用

　売買目的物の契約不適合に対する救済手段は，他の有償契約に準用される（559条）。たとえば，建物建設を目的とする請負契約においては，請負人は契約に適合する建物を完成させて引き渡す義務を負うため，引き渡した建物に欠陥が存在した場合において注文者は， i ．修補請求， ii ．修補不能または請負人が修補に応じない場合は代金減額請求または， iii ．修補費用の賠償請求もしくは， iv ．欠陥が重大である場合は解除することができる。

（8）無償契約の特則

　贈与契約においても，贈与者は契約に適合する目的物を引き渡す義務を負うが，無償であるため，次の2点に留意を要する。第一に，贈与者の債務内容については現状引渡しで足りる旨を約したものと推定される（551条1項）。そのため，品質に関する特段の合意がない限り，贈与者は責任を負わない。第二に，代金減額請求権はない。

参考文献

・石田剛，荻野奈緒，齋藤由起『債権総論』（日本評論社，2018年）
・中田裕康『債権総論〔第4版〕』（岩波書店，2020年）
・潮見佳男『プラクティス民法　債権総論〔第5版補訂〕』（信山社，2020年）
・中田裕康『契約法』（有斐閣，2017年）
・潮見佳男『基本講義　債権各論Ⅰ〔第3版〕』（新世社，2017年）
・山本豊，笠井修，北居功『民法5　契約』（有斐閣，2018年）

9 | 不動産利用と法

《目標＆ポイント》 不動産賃貸借における賃貸人および賃借人の主要な権利義務を素材として，他人の不動産利用に関する法律関係の特色および留意すべき点について理解を深めることを目標とする。

《キーワード》 賃借権，借地借家法，敷金，正当事由，定期借地権，定期建物賃貸借，信頼関係破壊の法理，賃貸人の地位の移転，賃借権譲渡，転貸借

1．不動産利用と賃借権

（1）民法における賃借権の意義と機能

　他人の物の使用収益を目的とする双務有償契約を賃貸借契約という（601条以下）。賃借権とは，賃貸借契約に基づいて発生する賃借人の債権であり，賃借人は賃貸人に対して，契約で定められた用法にしたがって使用収益の提供を請求する権利を有する。賃借物は不動産・動産を問わない。なお，他人の土地利用を目的とする用益物権についてすでに触れたが（第5章参照），不動産利用について実際には賃借権が活用される場合が多いため，本章では賃借権のみを取り上げる。

（2）借地借家法の重要性

　民法上の賃貸借はすべての物を対象とする一般的なルールであるが，これをそのまま不動産に適用すると，賃貸人側の自由が尊重される反

面，賃借人にとっては，生活または事業のために必要不可欠な不動産の安定的な利用が十分に確保されない事態が生じるおそれがあり，民法制定後にこれが深刻化するに至った。そこで，借地人による建物所有を目的とする土地賃借権および地上権ならびに建物賃借権を強化するための特別法として，借地借家法が制定された。そのため，不動産利用については，民法とあわせて借地借家法を学ぶことが重要である。

2. 賃貸借の成立

（1）双務・有償・諾成契約

　賃貸借は，当事者の一方（賃貸人となる者）がある物の使用収益を相手方（賃借人となる者）にさせることを約し，相手方がこれに対して賃料を支払うことおよび，賃借物を契約が終了したときに返還することを約することによって成立する，双務・有償・諾成契約である。賃借物の引渡しによる使用収益の開始は契約の履行であって成立要件ではない。また，宅地建物取引業者を介して締結される賃貸借契約においては書面の交付が義務づけられているが（宅地建物取引業法35条，37条），これは業法上の義務であり，民法上の成立要件ではない。

（2）敷金

　敷金とは，賃料債務その他の賃貸借に基づいて生ずる賃借人の賃貸人に対する金銭債務を担保する目的で，賃借人が賃貸人に対して交付する金銭をいう（622条の2第1項）。すなわち，賃料滞納や用法違反などの賃借人の債務不履行が生じた場合における損害担保のために，賃借人が予め提供する金銭が敷金である。賃貸借契約に付随して締結される敷金契約に基づいて交付されるのが通常である。

　賃貸人は，賃借人が負担すべき金銭債務を履行しないときは，敷金を

その弁済に充当することができる（同条2項）。賃貸借が終了して賃借人が賃貸不動産を明け渡した後，賃貸人は，敷金から賃借人の残債務額を控除した残額を賃借人に返還しなければならない（同条1項柱書，1号）。

（3）賃貸借の存続期間

（i）民法上の原則　　賃貸借期間の上限は50年であり（2017年改正前までは20年），それを超えなければ期間の設定は当事者の自由である。また，期間満了後に更新するか否かについても自由である。ところが，不動産についてもこの原則を貫くと，経済的に優位な立場にありかつ，長期間の拘束を望まない賃貸人の自由が優先され，生活または事業のために長期の利用確保を望む不動産賃借人の地位が不安定となるおそれが生じる。

Column

権利金と礼金

　不動産賃貸借においては，契約締結に際して，「権利金」「礼金」として賃借人が賃貸人に対して一定額の金銭を交付する場合がある。その趣旨・目的は，「のれん代」など営業または営業上の利益の対価または場所的利益の対価あるいは，賃料の一部前払などさまざまであるが，損害担保を目的とする敷金と異なり，必ずしも契約終了後の返還が予定されているわけではない。こうした金銭に関する返還の要否および範囲等については，その名目より，交付された趣旨・目的にしたがって個別具体的に判断される。

　そこで，借地借家法は賃借人保護のために次のような手当てを行った。これらは賃借人保護のための強行法規であり，当事者間の合意によって適用を排除することはできない。

　存続期間については，借地と建物賃貸借とで区別されている。

（ⅱ）**借地の存続期間**　　建物所有を目的とする借地権の存続期間は30年以上でなければならない（借地借家法 3 条）。その後の更新については合意があればそれにしたがうが，賃貸人が更新拒絶するためには正当事由があると認められる場合でなければならない（同法 6 条）。正当事由の有無については，自己使用の必要性，従前の経過および賃貸不動産の利用状況，立退料の提供の有無等を考慮しながら，当事者双方の事情を勘案して判断される。正当事由が認められなければ契約は自動更新（法定更新）となる。ただし更新期間は，最初の更新が20年，さらにその後に更新を重ねた場合は10年となる（同法 4 条）。

（ⅲ）**定期借地権**　　これに対して，法定更新を含む更新がなく契約で定めた期間満了をもって消滅する借地権を，定期借地権という。これは上記の法定更新による借地人の保護を排除するものであるため，以下のような厳格な要件が課されている（同法22条）。①存続期間を50年以上として設定していること，②更新による期間延長がない旨の特約につき，契約締結時に公正証書等の書面を作成・交付することにより，予め借地人の認識確保を図ること，がそれである。

（ⅳ）**建物賃貸借の存続期間**　　建物賃貸借の目的は多様であるため，存続期間は法定されていないが，利用の継続を望む賃借人保護のために，賃貸人による更新拒絶について次の要件が設けられている。①更新しない旨につき期間満了の 1 年から 6 か月前までに通知すること（同法26条 1 項），②更新拒絶につき正当事由が認められること（同法28条）がそれである。これらの要件を充たさなければ，法定更新により賃貸借

が自動的に更新される。

（ⅴ）**定期建物賃貸借**　建物についても定期建物賃貸借が認められているが，法定更新を含む更新がない賃貸借である旨につき予め賃借人の認識を確保すべく，①賃貸借契約が公正証書等の書面によって行われていること，②更新による期間延長がない旨につき，契約締結時に説明および書面交付を行うことが要件とされている（同法38条）。②につき判例は，賃貸借契約書とは別個の書面であることを要すると解している（最判平成24年9月13日民集66巻9号3263頁）。

3.　当事者の権利義務

（1）賃貸人の権利義務

（ⅰ）**賃料債権**　賃貸人の主要な権利が賃料債権であることは明らかである。自己の不動産を他人に賃貸することは，賃料という法定果実を収取できるという意味において，所有者の側にとっても使用収益の一環となる。

（ⅱ）**使用収益提供義務**　賃貸人は，賃料の対価として，契約で定められた用法にしたがって賃借人に賃貸不動産を使用収益させる義務を負う。不動産の引渡し義務および，使用収益に必要な修繕義務がこれに含まれる（606条）。

（2）賃借人の権利義務

（ⅰ）**賃借権と賃料債務**　賃借人の主要な権利義務は，契約にしたがい賃貸人に対して使用収益の提供を求める債権としての賃借権および，使用収益の対価としての賃料債務である。

（ⅱ）**善管注意義務および用法遵守義務**　賃借人は，善良な管理者として賃貸不動産を保管すべき義務を負うとともに，使用収益にあたり契

約で定められた用法を遵守する義務を負う（616条→594条1項）。たとえば，居住目的の賃貸借において，賃貸不動産を賃貸人に無断で増改築または改装して店舗として使用する態様は用法違反であり，債務不履行にあたる。

（ⅲ）修繕および費用償還請求権　賃貸不動産につき修繕を必要とする場合において，ⅰ．賃借人がその旨を通知したにもかかわらず，賃貸人が相当期間内に修繕をしないとき，またはⅱ．急迫の事情があるときは，賃借人が修繕することができる（607条の2）。

　賃借人が修繕等のために必要費を支出した場合，賃貸人に対し直ちにその償還を請求することができる（608条1項）。

　賃借人が賃貸不動産の増価に寄与する有益費を支出した場合，賃貸人に対し契約終了時にその償還を請求することができる（同条2項）。

（ⅳ）返還義務および原状回復義務　契約が終了した場合，賃借人は賃貸不動産を返還しなければならず，これを損傷させたときは原状に復する義務を負う。ただし，通常の使用収益にともなう通常損耗および経年劣化を除く（621条）。これらの負担についてはすでに使用収益の対価である賃料債務に含まれていると解されるためである。したがって，特段の合意がない限り，通常損耗および経年劣化の回復に要する費用は，敷金から控除されるべき原状回復費用に含まれない。

4. 賃貸借の終了

（1）主な終了原因

　賃貸借の主要な終了原因は，①期間満了（更新されない場合），②賃貸不動産の滅失その他の事由により使用収益が不能となった場合（616条の2），③期間の定めのない賃貸借において解約申入れが行われた場合（617条1項），④解除である。

　③について補足すると，建物については期間の定めのない賃貸借を行うことができ，各当事者はいつでも解約申入れをすることができるが，借地借家法により，賃貸人による申入れについては正当事由が要件とされ（借地借家法28条），正当事由が認められる場合は解約申入れの日から 6 か月経過時に終了する（同法27条 1 項）。

　④につき，賃貸借が解除された場合，その効力は将来に向かってのみ生じる（620条）。そのため，賃貸人は受け取った賃料を返還しなくてよい。解除に関する一般原則と異なるため，賃貸借の解除をとくに解約とよぶ。解除の要件については，賃借人の債務不履行解除においてとくに注意を要するため，別に項目を設けて以下に解説する。

（2）債務不履行解除の要件

（ⅰ）催告　　賃借人の賃料滞納あるいは用法違反を理由として，賃貸人が賃貸借契約を解除する場合，債務不履行解除一般の要件（541条）にしたがい，ⅰ．賃貸人が相当期間を定めて催告を行うこと（未払賃料の支払または用法違反の是正を求めるなど），ⅱ．その期間内に履行がないことが要件となる。

　なお，予め契約において解除事由を定めておき，賃借人がこれに該当する場合において賃貸人はただちに解除することができる旨（ex. 賃料の支払を○回怠った場合あるいは，無断増改築を行った場合，賃貸人はただちに契約を解除することができる）の解除条項（無催告解除特約による約定解除権の留保）を設けることは妨げられない。

（ⅱ）信頼関係破壊の法理　　判例は，不動産賃貸借が当事者間の高度な信頼関係を基礎とする継続的契約であることにかんがみて，解除の可否につき，債務不履行の事実および催告の有無によって形式的に判断するのではなく，契約を継続しがたいと認められる程度の信頼関係の破壊

を解除の要件としている。この判例法理を信頼関係破壊の法理とよぶ。

　第一に，賃料不払や用法違反があったとしても，それが軽微であって信頼関係を破壊するに至らない程度の不履行であれば，契約解除は認められない（最判昭和39年7月28日民集18巻6号1220頁）。無催告解除特約がある場合においても同様であり，特約の効力が制限される（最判昭和41年4月21日民集20巻4号720頁）。

　第二に，賃借人の契約違反が，信頼関係を破壊するに至る程度の著しい背信行為にあたると認められる場合，賃貸人は催告を要さずただちに解除することができる（最判昭和27年4月25日民集6巻4号451頁）。

5. 賃貸人の地位の移転

（1）問題の所在

　不動産賃貸借は長期間にわたる継続的契約であるため，中途で当事者が代わることがある。賃貸人の側と賃借人の側とに分けて，以下に順次解説する。

　賃貸人の交代は，賃貸人が賃貸不動産を譲渡した場合に生じる。たとえば，Aは自己所有の甲建物をBに賃貸していたが，期間が満了する前に甲をCに売却した。このような処分を行うことは所有者の自由であるが，問題は，AB間の賃貸借契約とりわけBの賃借権がどうなるかである。Bが不知の間に建物所有者が代わってしまうと，Bは賃貸人でないCに対して，Aとの間の契約上の債権である賃借権を主張することはできず，Cが所有権に基づいて甲の明渡しを求めた場合，これに応じなければならないのか。

（2）合意による賃貸人の地位の移転

　賃貸不動産の譲渡当事者であるAC間において，Cが賃貸人を引き受

ける旨の合意があれば，賃貸人の地位が移転して，ＡＢ間の賃貸借契約
はそのままＢＣ間へと承継される。賃借人Ｂの承諾を要しない（605条
の３）。使用収益の提供は通常の所有者であれば可能であるため，賃借
人にとって賃貸人の交代は不利益ではなく，むしろこれを認めて賃借人
の地位を維持することがその保護に資するからである。

（3）賃借権の対抗要件による賃貸人の地位の移転

（ⅰ）**意義**　　上記のようなＡＣ間の合意がなくても，不動産賃借権に
つき賃借人が対抗要件を備えていれば，賃借権をもって賃貸不動産の新
所有者に対して対抗することができ，その効果として，賃貸不動産の譲
渡によりその所有権とともに賃貸人の地位も当然に移転する（605条の
２第１項）。賃貸不動産の所有者が途中で代わった場合において，所有
者と賃貸人の地位を合致させることによって賃貸借を維持し，もって賃
借人の地位の安定化を図るための特別規定である。このように規律して
も，譲受人は不動産を譲り受けるに際して賃借人の存在を知り得るのが
通常であるため，その取引安全が害されるおそれはない。

　不動産賃借権の対抗要件は，①賃借権登記，②建物所有権の登記（借
地権），③引渡し（建物賃借権）である。

（ⅱ）**賃借権登記**　　予め不動産賃借権について登記していれば，賃借
人は賃貸人以外の第三者に対しても賃借権を対抗することができる
（605条）。しかしながら，賃借権の登記手続申請には賃貸人の協力が必
要であり，特段の合意がない限り，賃借人は賃貸人に対して登記請求権
を有しない。そこで，借地借家法は，賃借人が単独で備えることができ
る対抗要件をさらに手当てした。

（ⅲ）**借地権の対抗要件**　　建物所有を目的とする借地権については，
借地人が建物所有権の登記を備えていれば，建物所有権だけでなく借地

124

権の対抗要件となる（借地借家法10条）。Aが自己所有の甲土地をBに賃貸し，Bが同地上に乙建物を建てて，B所有名義で建物登記を行った場合，土地賃借権の登記がなくてもよい。土地と建物は別個独立の不動産であるから，建物所有権の登記をするのに土地所有者の協力は不要である。

（iv）**建物賃借権の対抗要件**　建物賃借権は，登記がなくても，賃借人が建物の引渡しをうけていれば，対抗要件となる（同法31条）。A所有の甲建物をBに賃貸した後で甲をCに売却した上記の例において，Bが甲の引渡しをうけて利用を開始していれば，賃貸人の地位がAからCに移転して賃貸借が維持される。

（4）賃貸人の対抗要件

　上述したところにしたがって賃貸人が交代した場合，賃貸人の側においても対抗要件が必要である。すなわち，賃貸不動産の譲受人が賃貸人の地位に基づいて，賃借人に対して賃料請求や更新拒絶などの権利行使をするためには，賃貸不動産について所有権移転登記を備えていなければならない（605条の2第3項）。所有権の主張と賃貸人としての権利主張のための要件を合致させることが，賃貸借関係の安定化に資するためである。

（5）敷金関係の承継

　賃貸不動産の譲渡により賃貸人の地位が移転するのにともない，敷金関係も当然に譲受人に承継される（605条の2第4項）。すなわち，上記の例においてBが賃貸借契約締結に際してAに敷金を交付していた場合，その後Aに代わって新たに賃貸人となったCに対して，Bはあらためて敷金を交付する義務を負わず，かつ，契約終了後において敷金の返

還を求めることができる。ＣがＡから敷金の引渡しを受けていたか否か
は問わない。賃貸人の交代に関与することができない賃借人の不利益を
防止する必要がある一方，敷金については譲渡当事者間における事前の
調整を期待してよいからである。

6. 賃借権の譲渡と賃貸不動産の転貸

（1）問題の所在

　続いて，賃借人ないし利用者の側の交代について解説する。上記の例
において，賃貸借の途中で賃借人であるＢが甲に関する賃借権をＣに譲
渡した場合，賃借人が交代する。また，Ｂが甲をＣに転貸した場合，賃
借人はＢのままであるが利用者が交代する。いずれにおいても，賃貸借
に基づく使用収益の主体が交代する。

　このように賃借人が賃借権を他人に譲渡することまたは，賃貸不動産
をさらに転貸することは可能か。可能であるとすればその要件は何か。
これに違反して賃借権の譲渡または賃貸不動産の転貸が行われた場合，
賃貸借関係はどうなるか。転貸借が適法に行われた場合における当事者
関係はどうなるか。本節ではこのような問題点を取り上げる。

（2）要件

　賃借人は，賃貸人の承諾を得なければ，賃借権の譲渡または賃貸不動
産を転貸することはできない（612条 1 項）。賃貸人の交代につき賃借人
の承諾が不要とされていることとは対照的である。賃借人にとって賃貸
人が誰であるかはあまり重要でないのに対して，自己の所有不動産の使
用収益を誰に対して認めるかに関しては，賃貸人の利害に大きく関わる
ためである。

（3）無断譲渡または転貸

（ⅰ）原則　　上記の例においてBがAに無断で甲に関する賃借権をC
に譲渡するかまたは，甲を転貸した場合，そのような譲渡または転貸借
はAに対して効力を有しないのに加えて，無断譲渡または転貸は賃貸人
に対する背信行為といえるのが通常であるため，AはBとの間の賃貸借
契約をただちに解除することができる（612条2項）。

（ⅱ）信頼関係破壊の法理　　判例は，無断譲渡または転貸が行われた
場合であっても，それが賃貸人に対する背信行為と認めるに足りない特
段の事情があるときは，これにより当事者間の信頼関係が破壊されたと
はいえないため，解除することができないと解している（最判昭和30年
9月22日民集9巻10号1294頁）。具体的には，ⅰ．賃借人と譲受人または
転借人が親族関係または法人とその経営者の関係にあり，実質的に同視
できる場合，ⅱ．賃貸不動産の一部に関する譲渡・転貸にすぎない場合
などにおいて，譲渡・転貸前後において使用収益の実態がほとんど変容
していない場合が挙げられる。

　このような特段の事情が認められる場合においては，賃貸人に不利益
はないため，賃借権の譲渡または転貸の効力も肯定される。

（4）賃借権の譲渡と敷金関係の終了

　上記の例でBがAの承諾を得て適法に甲に関する賃借権をCに譲渡し
た場合，以後賃借人はCに交代する。その際，BがAに交付した敷金は
どうなるか。賃借権の譲渡によりAB間の敷金関係は終了し，BはAに
対して敷金の返還を請求することができる（622条の2第1項2号）。賃
貸人の地位の移転と異なる点に注意が必要である。賃借権の譲渡におい
て敷金関係が当然に承継されると，旧賃借人Bは自己の債務だけでな
く，新賃借人Cが負担した債務についてまで担保する責任を負うことに

なるからである。

（5）転貸借における当事者関係

（ⅰ）**転貸借の効果**　　転貸借が適法に行われた場合たとえば，上記の例でBがAの承諾を得て甲をCに転貸したときは，Aが賃貸人，Bが賃借人，そしてCが転借人となり，実際に甲を利用するのはCとなる。このような場合，AはBに対して有する賃料債権額の限度においてCに対して賃料請求することができ，CはAに対して直接に転貸賃料を支払う義務を負う（613条1項）。これによりCはBに対して免責される。もっとも，Aは従来通りBに賃料請求することを選択してもよい（同条2項）。

（ⅱ）**合意解除**　　AB間の賃貸借契約が解除された場合，転借人Cの権利（転借権）はどうなるか。転貸借は賃借権に基づく使用収益の一環として行われるため，転借人の地位は賃借人の地位に従属し，解除によってBの賃借権が消滅すれば，Cの転借権もAに対する関係においては効力を失うのが原則である。しかしながら，AB間の合意によって賃貸借が解除された場合，Aが転貸借を承諾しておきながら後の合意によってこれを途中でくつがえすのは信義則に反して許されないといえる。そこで，Aは合意解除によるBの賃借権の消滅をCに対して主張することができず，Cの転借権は存続する（613条3項本文）。

（ⅲ）**債務不履行解除**　　それでは，Bの賃料不払を理由としてAB間の賃貸借契約が解除された場合はどうか。この場合は原則にしたがい，Cの転借権はAに対する関係において効力を失うため，CはAに対して甲を明け渡さなければならない（同項ただし書）。転貸借に対する賃貸人の承諾は賃借人との信頼関係の継続を前提とするものであるから，それが賃借人の帰責事由によって破綻した以上，転貸借も運命を共にする

のはやむを得ないことであり，転借人もそれを覚悟すべき地位にあると
いえるからである。

参考文献

・中田裕康『契約法』（有斐閣，2017年）
・潮見佳男『基本講義　債権各論Ⅰ〔第 3 版〕』（新世社，2017年）
・山本豊，笠井修，北居功『民法 5　契約』（有斐閣，2018年）

10 | 担保と法

《**目標＆ポイント**》 本章では，金融取引において重要な役割を果たしている担保について，民法上どのような権利が用意されているか，それらの機能および特色は何かについて学習することを目的とする。

《**キーワード**》 約定担保物権，法定担保物権，附従性，優先弁済的効力，留置的効力，非典型担保，保証債務の補充性，相殺の担保的機能

---

1. 担保とは

（1）意義

　金銭債権を中心とする債権の実現を確保するための法的手段をまとめて，担保とよぶ。銀行が顧客に対して行った融資に基づく貸金債権のために，あるいは，取引先に対する売買代金債権のために，民法上さまざまな担保が定められているが，いかなる場合にどのような担保が活用されているのか。まずは主な担保の分類について概観する。

（2）物的担保と人的担保

（ⅰ）物的担保　　債務者その他の第三者が有する特定の物または財産権に対する支配を通して，債権の実現を確保する法的手段を物的担保という。担保物権がこれにあたる。物的担保においては主として，特定の財産に対する価値が債権の引き当てとなる。

（ⅱ）人的担保　　債務者以外の他人に対して，債務者と同一内容の債

務を負担させることを通して，債権の実現を確保する法的手段を人的担保という。保証がこれにあたる。人的担保においては，債務者以外の他人すなわち保証人の弁済資力が債権の引き当てとなる。

（3）典型担保と非典型担保

（ⅰ）典型担保　民法において担保物権として明文規定が設けられている形態を典型担保という。約定担保物権については抵当権と質権がこれにあたる。

（ⅱ）非典型担保　民法に明文規定がないが（2021年現在），判例によって承認され，物的担保として重要な役割を果たしている形態として，譲渡担保と所有権留保がある。

　その他にも，債権の消滅原因の一つとして規定されている相殺については，実質的に担保的機能を果たしている点が重視されている。

2．約定担保物権（抵当権と質権）

（1）抵当権

（ⅰ）意義　抵当権とは，抵当権者が，債務者または第三者がその占有を移転しないで債務の担保として提供した不動産につき，その債務について債務不履行があった場合において，他の債権者に先立って自己の債権のためにその不動産から優先弁済を受けることができる約定担保物権である（369条1項）。

　たとえば，AがBに対して有する貸金債権の担保として，Bが自己所有の甲土地につき，Aのために抵当権を設定する場合が挙げられる。債権者Aが抵当権者，目的物の所有者Bが設定者となる。抵当権はAB間の設定契約によって発生する。また，Aの貸金債権を被担保債権とよぶ。Bは抵当権が実行されるまで，所有者として甲を使用収益すること

ができる。

　設定者は債務者以外の第三者でもよい。上記の例でCが自己所有の乙土地につき，Bの債務の担保のために抵当権を設定することは妨げられない。C自身は金銭債務を負担しないが，他人の債務のために自己の財産を提供して責任を負う点が保証人と類似するため，物上保証人とよばれている。

（ⅱ）**担保物権の附従性**　　被担保債権と担保物権は，形式的には別個の権利であるが，実質的には目的と手段の関係に立つことから，担保物権は被担保債権の運命にしたがう。これを担保物権の附従性という。そのため，被担保債権が有効に成立しなければ担保物権も成立せず，弁済などにより被担保債権が消滅すれば，担保物権も当然に消滅する。これはすべての担保物権に共通する特色である。

（ⅲ）**非占有担保**　　抵当権は目的物の占有を目的とする権利ではなく，その使用収益は所有者である設定者に委ねられたままである。このように，設定者は目的物につき所有者として使用収益を継続しながら担保として活用できる点が，抵当権の特色である。そのため，抵当権は占有を通して公示することができず，公示手段は登記（抵当権設定登記）に限られ，その対象は特別法に定めがある場合を除き，不動産に限定される。

（ⅳ）**優先弁済的効力**　　抵当権は特定の不動産に関する使用収益ではなく，排他的な価値支配によって被担保債権の履行を確保する権利である。排他的な価値支配は，換価処分する権限と優先弁済権によって実現される。抵当権行使のための手続は次の通りである。被担保債権が債務不履行に陥った場合，抵当権者は裁判所に対して抵当権実行申立てを行い，抵当不動産について執行手続（担保権の実行としての競売　民事執行法180条以下）が開始する。裁判所はこれを競売によって換価処分

し，売却代金について配当を行うが，多くの債権者が配当手続に参加した場合，すべての債権者は平等に配当を受ける権利を有するのが執行手続上の原則であるところ（債権者平等の原則），その例外として抵当権者は，被担保債権の満足を受けるまで，他の一般債権者に先立って優先的に弁済をうけることができる。

　なお，配当後に余剰金がある場合は設定者に清算される。

（ⅴ）抵当権の順位　　同一の不動産について数個の抵当権が設定されたときは，抵当権の順位は設定登記の前後による（373条）。価値支配の優劣すなわち優先弁済をうける順位が定まっていれば，一個の不動産に複数の抵当権を成立させても，権利相互に抵触が生じることはなく，一物一権主義の要請に反しない。上記の例において，Bが甲土地につきAに続いてさらにDのために抵当権を設定して順次登記が行われた場合，Aが先順位（一番）抵当権者，Dが後順位（二番）抵当権者となる。なお，先順位抵当権が弁済等によって消滅すると，後順位抵当権の順位が繰り上がる（順位上昇の原則）。

（ⅵ）根抵当　　金融取引社会の需要に応えるために，1971年に新たに民法に挿入された特殊な抵当権が，根抵当権である（398条の2以下）。根抵当権とは，一個の被担保債権ではなく，特定の継続的取引または一定の種類の取引から生ずる不特定多数の債権のための担保として，抵当権者が設定契約において定められた極度額（限度額）において特定の不動産から優先弁済を受けることができる抵当権をいう（398条の2第1項，第2項）。上記の例において，Aが金融機関，Bが事業者であって，Bの事業資金を必要に応じてAが継続的に融資する場合，額が異なる被担保債権が反復継続的に発生・消滅を繰り返すが，そのたびに抵当権の設定・消滅していて登記手続を行うのでは手間とコストがかかる上，順位上昇の原則により抵当権者の地位が不安定となる。そこで，これらの

債権を一括して一個の抵当権によってまとめて担保するのが，根抵当権である。

（2）質権

（ⅰ）**意義**　　質権とは，質権者が，債務者または第三者が債務の担保として提供した物につき，その債務の弁済を受けるまでこれを占有して留置することができ，かつ，その債務について債務不履行があったときは，他の債権者に先立って自己の債権のためにその物から優先弁済を受けることができる約定担保物権である（342条）。

　たとえば，AがBに対して有する貸金債権の担保として，Bが自己所有の絵画甲につき，Aのために質権を設定する場合が挙げられる。債権者Aが質権者，目的物の所有者Bが設定者となる。質権はAB間の設定契約によって発生する。

（ⅱ）**留置的効力**　　質権者は，被担保債権の弁済があるまで質物を占有することによって任意の弁済を促すことができる。その間設定者は所有者としての使用収益を奪われることになる。このような弁済促進も債権の履行確保のための担保機能の一つであり，これを留置的効力という。そのため，質権は抵当権と異なり，質物の占有を目的とする権利であり，質権の設定は，債権者に質物を引き渡すことによってその効力を生ずる（345条）。そのため，質権設定契約は要物契約である。質権の対象は，動産，不動産のほか，他人に対する債権などの財産権も含まれる。

（ⅲ）**優先弁済的効力**　　上記の留置的効力によっても任意の弁済が得られない場合，さらに質権者は質権を実行することにより，質物につき優先弁済権を行使して被担保債権の回収を図ることもできる。その手続については抵当権におけると同様である。

（ⅳ）**私的実行の禁止**　　質権の行使方法として，質権者と設定者間の

契約により，被担保債権の弁済に代えて質権者に質物を取得させること
または，質権者が法定の手続によらずに質物を換価処分することを約し
てはならない（349条）。このような法定の換価手続によらない担保権の
実行を私的実行というが，これを認めると，質権者が被担保債権額に比
して高価な質物を提供させてこれを丸取りするなど，担保目的を逸脱す
る暴利行為を誘発しかねないからである。

　もっとも，動産質権について正当理由がある場合（354条），被担保債
権が商行為に基づいて発生した場合（商法515条），事業として質権設定
による融資を行う場合（質屋営業法18条）などの法律上の例外がある。

3．譲渡担保

（1）意義

　被担保債権を担保する目的において，債務者または第三者が自己の動
産・不動産その他の財産権につき，債務不履行があるまでその使用収益
を継続しながら債権者に譲渡し，弁済期までに債務の弁済があれば目的
物の所有権が復帰するが，弁済がない場合はこれに代えて債権者がその
所有権を確定的に取得することを約する担保手段を指して，譲渡担保と
いう。文字通り，担保目的において行われる譲渡である。

　抵当権・質権ともに，目的物を抵当権者または質権者に譲渡すること
を内容とするものではないため，民法上明文規定がないが（2021年現
在），金融取引社会の需要に応えるために判例法として確立された新た
な担保形態である。

　たとえば，AがBに対して有する貸金債権の担保として，Bが自己所
有の甲土地または絵画乙につき，その占有を移転しないでAに譲渡する
場合が挙げられる。債権者Aが譲渡担保権者，目的物の所有者Bが設定
者となる。譲渡担保権もAB間の約定によって発生する。担保目的の譲

渡であることから，その性質が所有権または担保物権のいずれに属するかについては見解が分かれているが，理論的問題であるため本書では立ち入らないことにする。

　それでは，なぜこのような担保形態が必要とされるのか。それは，典型担保の次のようなデメリットによる。第一に，質権は留置的効力のために設定者が目的物の使用収益を奪われることから，生活・事業上必要不可欠な財産になじまない。第二に，抵当権はその対象が不動産に限定される上，その実行手続にかかる負担が大きい。そこで，設定者に使用収益を委ねる抵当権のメリットを維持しつつ，その対象を拡大し，実行に要する手続的負担を緩和するのが，譲渡担保である。

（2）譲渡担保の実行

　被担保債権の弁済がない場合，債権者は譲渡担保権に基づいて，弁済に代えて目的物の所有権を確定的に取得するとともに，設定者はこれを引き渡さなければならない。このような実行方法は，裁判所を通して行われる法定の手続ではなく私的実行であるため，債権者の便宜には適うが，これを無条件に認めると債務者ないし設定者の利益を不当に害するおそれがある。そこで判例は，目的物の価額が被担保債権額を上回る場合につき，債権者にその差額に関する清算義務を課している（最判昭和46年3月25日民集25巻2号208頁）。

　これをうけて譲渡担保の実行方法は，債権者に目的物を帰属させた上でその相当価格との差額を清算する帰属清算型と，債権者に目的物の処分権限を認めた上でその代価との差額を清算する処分清算型とに分かれる。どちらにするかは債権者の選択による。

　さらに以下では，債務者が事業者である場合における取引上の需要に応えるための，特殊な譲渡担保形態を取り上げる。

（3） 集合動産譲渡担保

　在庫商品一式のように，特定の場所に保管されている営業用動産の集合体を一括して譲渡担保に供する形態を，集合動産譲渡担保という。上記の例においてBが電器製品の販売業者であり，特定の倉庫内に在庫商品として保管している電器製品を一括してAに対して譲渡担保に供する場合がそれにあたる。特定の枠に属する不特定多数の個別動産を構成部分とする一個の「集合物」が，譲渡担保の目的物となる（最判昭和62年11月10日民集41巻8号1559頁）。

　この譲渡担保形態の特色として，目的物に関する上記のような集合性に加えて，流動性が挙げられる。営業用動産が目的物であるため，集合物の構成部分である個別動産（倉庫内の個々の電器製品）につき，債務不履行がない限り設定者は，通常の営業の範囲内において処分する権限を有する（最判平成18年7月20日民集60巻6号2499頁）。通常の営業活動が継続されていれば，個別動産は処分後新たに補充されることが予定されており，これにより集合物の担保価値が保たれる。流動性とは，この個別動産に関する処分と補充の反復を意味する。

　そして，譲渡担保を実行する旨が設定者に通知されると，以後は上記の処分が許されず，目的物が固定される。その上で，帰属清算または処分清算が行われる。

（4） 集合債権譲渡担保

　事業者が取引先に対して有する一定の範囲に属する不特定多数の債権を，一括して譲渡担保に供する形態を指して，集合債権譲渡担保という。上記の例においてBが電器問屋業者であり，仕入先の販売業者Cとの継続的取引に基づいて，現在すでに発生しているかまたは，将来の一定期間内に発生が予定されている売掛債権を一括して譲渡担保に供する

場合が該当する。譲渡担保の目的物が債権であるため分かりにくいが，Aが譲渡担保権者，Bが債務者（設定者）であり，Cを第三債務者という。この場合，BのCに対する売掛債権がAに対して担保目的において譲渡された旨につき，第三債務者Cに対して，確定日付のある証書（内容証明郵便，公正証書など）による債権譲渡通知を行わなければならない（467条2項）。これによりAはCに対する売掛債権が自己に属する旨につき，Cおよびそれ以外の第三者に対抗することができる（最判平成13年11月2日民集55巻6号1056頁）。

　もっとも，第三債務者に対して譲渡担保の実行通知が行われるまで，個別債権の取立権限は債務者（設定者）に留保される。したがって，債務不履行がない限りAではなくBがCから売買代金の支払をうけてよい。ただし，譲渡担保が実行された場合，Aが売掛債権を確定的に取得して，以後はAのみがCから直接取立てを行うことになる。

4.　法定担保物権（留置権と先取特権）

（1）留置権

（ⅰ）**意義**　留置権とは，他人の物を占有する者が，その物に関して生じた債権を有している場合において，その債権の弁済を受けるまでその物を留置することができる，法定担保物権である（295条1項）。

　たとえば，AがB所有のパソコン甲を修理したことにより，その費用に関する債権が生じた場合，Aは，Bが修理費用を弁済するまで甲を留置することができる。その弁済があるまでAは，Bが所有権に基づいて甲の返還を求めてきたとしても，留置権に基づいてこれを拒むことができる。留置的効力を有する点において質権と共通するが，AB間において留置権を設定する旨の契約を要しない点が異なる。もっとも，約定に代わる合理的理由が必要であるが，それが当事者間の公平である。上記

の例において，甲の価値の回復に寄与したＡがその費用につき保護されないまま返還しなければならず，翻ってＢが甲のために生じた債務を履行せずにその支配を回復できるというのは，不公平である。以下に述べる成立要件は，このような留置権の趣旨を反映するものである。

（ⅱ）要件

●物と債権の牽連性　被担保債権は目的物に関して生じた債権でなければならない（295条１項本文）。上記の例でＡがＢに対して貸金債権を有していたとしても，それは甲とは無関係であるため，留置権は成立せず，この場合にＡが甲を留置するためには約定により質権の設定を受ける必要がある。

●弁済期の到来　ＡがＢに甲を返還した後に修理費用を支払う旨が約されていた場合，被担保債権が弁済期にないため，留置権は成立せず，Ａは甲を返還しなければならない（同項ただし書）。

（2）先取特権

（ⅰ）意義　先取特権（さきどりとっけん）とは，法が定める一定の債権を有する者が，債務者の財産について優先弁済権を行使することを認める，法定担保物権である（303条）。

　ある債権者が一般債権者に先立って優先弁済を受けるためには，上述したような約定担保物権の設定をうけることによって予め法的手段を講じるべきであり，それをしていない一般債権者は平等に扱われるのが原則である。しかしながら，約定担保の設定は通常，債権者が債務者に対して担保の提供を求め得る優越的地位に立つ場合を前提としているところ，すべての債権者がそのような立場にあるわけではない。その中でも，社会政策的見地または債権者の合理的期待の保護，あるいは債権者間の公平を図る目的において，とくに保護すべき債権者のために，法定

の優先弁済権を認めるのが先取特権である。

（ⅱ）種類

●社会政策的見地　　AはB社の従業員であるが，B社の経営が悪化してAに対する給与の支払が遅配しており，B社の取引先の債権者がその資産を差し押さえて強制執行を申し立てた場合，Aは配当手続において先取特権を行使することができる（308条）。雇用関係に基づいて生じた労働者の債権は，労働者の生活保護の見地から，他の一般債権者より厚く保護される。

●債権者の合理的期待の保護　　Aは自己所有の甲建物をBに賃貸したが，Bが賃料を滞納したまま所在不明となった場合，AはBが建物内に持ち込んだ家財道具などの動産につき，先取特権を行使することができる（312条）。それが賃貸人の合理的期待に適うためである。

●債権者間の公平　　AがBに対して事業用機械甲を売却して引き渡したが，代金の支払がない場合または，AがB所有の事業用機械乙を修理して返還したが，代金の支払がない場合，Aは甲・乙について先取特権を行使することができる（320条，321条）。甲・乙はBが所有する責任財産であるが，Aの給付はその増価ないし維持に貢献しており，甲・乙の価値についてはBの他の一般債権者よりAを優先させるのが公平だからである。

●一般先取特権　　先取特権は，債務者の総資産を対象とする一般先取特権と，特定の動産または不動産についてのみ認められる特別先取特権に分類される。

　一般先取特権は，①共益の費用，②雇用関係，③葬式の費用，④日用品の供給によって生じた債権のために成立する（306条）。

●動産先取特権　　動産先取特権は，①不動産の賃貸借，②旅館の宿泊，③旅客または荷物の運輸，④動産の保存，⑤動産の売買，⑥種苗ま

たは肥料の供給，⑦農業の労務，⑧工業の労務によって生じた債権のために成立する（311条）。

●不動産先取特権　　不動産先取特権は，①不動産の保存，②不動産の工事，③不動産の売買によって生じた債権のために成立する（325条）。

5. 所有権留保

（1）問題の所在

（ⅰ）売主の保護手段　　AがBに対してパソコン甲を売却した場合における代金債権確保のための法的手段として，①同時履行の抗弁権（533条），②留置権，③動産先取特権が挙げられる。このほかにも，代金の支払がない場合における売主の損失回避のために，④債務不履行解除（541条）による目的物の回復が考えられる。

（ⅱ）動産売買における法定担保物権の限界　　ところが，動産売買においては，商品の引渡し後一定期間内に代金を支払う旨の信用売買が日常しばしば行われるが，この場合売主は同時履行の抗弁権および留置権を有しない。

　それでもなお，先取特権に基づく優先弁済権の行使または，解除による目的物の回復は可能であるが，動産先取特権には公示方法がないため，上記の例でBが甲をCに転売して引き渡した場合，Aはこのような第三取得者に対して甲につき先取特権を行使することはできなくなる（333条）。解除においても同様に，AはCに対して甲の返還を求めることはできない（545条1項ただし書）。

　動産先取特権および解除において，信用売買の売主が蒙る上記のような目的物喪失のリスクの原因は，代金の支払を受ける前に目的物の所有権が買主に移転してしまっていることにある。

（2）意義

　そこで，売主保護のための担保手段として現れたのが，特約による所有権留保である。売主が代金支払に先んじて目的物を引き渡すことによって，買主がその使用収益を開始することができるという信用売買のメリットを維持しつつ，代金完済まで売主に所有権を留保する旨の特約を設けるのである。物権変動における意思主義（176条）により，所有権移転時期を定める特約は自由である（第6章参照）。

　上記の例では，ＡＢ間の売買契約において，Ｂの代金完済まで甲の所有権をＡに留保する旨の所有権留保特約を設けることになる。これにより，Ｂが代金完済せずに甲をＣに売却しても，Ｃは所有権を取得していないため，ＡはＣに対して留保所有権に基づいて甲の返還を求めることができ，目的物の喪失リスクを回避し得る。ただし，Ｃに即時取得（第6章参照）が成立する場合はこの限りではない点に留意を要する。

6.　人的担保（保証と連帯保証）

（1）保証

（ⅰ）**意義**　　すでに説明したように，ＡのＢに対する貸金債権を担保するためにＣが保証人となる場合が，人的担保である。借主Ｂの貸金債務を主たる債務（主債務），Ｂを主たる債務者（主債務者），Ｃが保証人として債権者Ａに対して負う債務を保証債務とよぶ。

（ⅱ）**保証債務の成立**　　保証債務は，債権者と保証人間における保証契約によって成立する。保証契約は書面によって行わなければ効力を生じない，要式契約である（446条2項）。保証人による軽率な債務負担を防止し，保証意思を確保するための配慮である。

　なお，保証人が主債務者から頼まれて保証を行う場合が多いが，主債務者と保証人間における保証委託契約は保証債務の成立要件ではなく，

委託を受けない保証も可能である。

（ⅲ）**保証債務の附従性**　主債務と保証債務はそれぞれ別個の契約に基づいて発生する債務であるが，実質的には目的と手段の関係に立つため，担保物権と同様に，保証債務は主債務の運命にしたがう。これを保証債務の附従性という。主債務が有効に成立しなければ保証債務は成立せず，弁済等によって主債務が消滅すれば保証債務も当然に消滅する。また，保証人の負担が主債務より重くなることはない（448条1項）。

（ⅳ）**保証債務の補充性**　保証人は主債務者と並列的に債務を負うのではなく，主債務の履行がない場合において，補充的に保証債務を履行する責任を負う（446条1項）。これを保証債務の補充性という。そのため，債権者からの履行請求に対して，保証人には次の2つの抗弁権が付与されている。

●催告の抗弁権　保証人は先に主債務者に対して履行を催告すべき旨を主張して，履行を拒絶することができる（452条）。これを催告の抗弁権という。

●検索の抗弁権　債権者が主債務者に対して上記の催告を行ったが任意の履行が得られなかったため，保証人に履行を求めた場合であっても，保証人は，主債務者に弁済資力があり，強制執行が容易に可能な財産を有していることを証明することにより，履行を拒絶することができる（453条）。これを検索の抗弁権という。

（2）連帯保証

保証人が主債務者と連帯して保証債務を負担する場合を連帯保証という。上記の例では，ＡＣ間の連帯保証契約によってＣの連帯保証債務が成立する。それでは，連帯の有無によって何が異なるかというと，連帯保証人は主債務者と並列的に債務を負い，保証債務の補充性がないた

め，連帯保証人は催告の抗弁権と検索の抗弁権を有しない（454条）。これを債権者の側からみれば，主債務の担保的効力が強化されることになる。

（3）根保証

（i）**意義**　継続的に融資が行われる場合など，一定の範囲に属する不特定の債務をまとめて主債務とする保証を，根保証（ね ほ しょう）という。このような包括的保証は債権者の利益に資するが，保証人の負担が過大とならないよう，次のような配慮が行われている。

（ii）**個人根保証**　法人でない個人が根保証人となる場合，その責任については一定の極度額が限度とされ，極度額を定めていない根保証契約はその効力を生じない（465条の2）。

（4）事業のための保証

（i）**問題の所在**　事業のために負担した貸金等債務を主債務とする保証または，このような債務が主債務に含まれる根保証については，保証人の負担が大きくなるのが通常であることにかんがみて，保証意思を適正に確保するための配慮が行われている。

（ii）**公正証書の作成**　保証契約の締結日前一か月以内に作成された公正証書により，保証人になろうとする者が保証意思を宣明しなければ，保証契約の効力が生じない（465条の6）。ただし，保証人が，主債務者が法人である場合における理事・取締役・執行役またはこれに準じる者（465条の9第1号），主債務者との共同事業者または配偶者（同条3号）である場合は，保証のリスクを十分に認識せずに保証契約を締結してしまうおそれが少ないため，この限りではない。

（iii）**情報提供義務**　主債務者が個人に保証委託を行うに際しては，

財産および収支状況，主債務以外に負担している債務の有無およびその履行状況，主債務のための他の担保の有無および内容に関する情報を提供すべき義務を負う（465条の10第1項）。主債務者の資産および債務負担に関する情報は，保証を引き受ける際の保証人の意思決定にとって重要である。そのため，主債務者がこの義務に違反したために，保証人が適切かつ十分な情報に基づかずに保証契約を締結してしまった場合において，債権者がこの事実を知っていたかまたは知ることができたときは，保証人は保証契約を取り消して責任を免れることができる（同条2項）。

（5）求償

保証人の弁済により，保証債務だけでなく主債務も消滅して主債務者も免責される。そこで，保証人は，主債務者から委託を受けたか否かにかかわらず，主債務者に対して支出した額について求償することができる（459条1項，462条1項）。なお，主債務者が弁済すれば，附従性により保証債務も消滅するが，主債務者に求償権はない。

7．相殺

（1）意義

AがBに対して貸金債権を有しており，反対にBもAに対して，別個の取引に基づいて売掛債権を有している場合のように，二人が互いに同種の目的を有する債権（ex.金銭債権）を有する場合において，各債務者は，双方の債務が弁済期にあることを要件として，対等額において両債務を消滅させる旨の意思表示をすることができ，これにより両債務は消滅する（505条1項本文）。このような差引決済による債権債務の消滅方法を相殺という。

（2）相殺の機能

（ⅰ）**簡易決済**　相殺は，各債務者の相手方に対する意思表示によって行う（506条1項）。そのため，互いに弁済し合うことによる資金の移動を要しない点において，簡易な決済を図ることができる。

（ⅱ）**公平**　もし相殺という手段がなければ，上記の例でＡＢそれぞれが別個に弁済しなければならず，一方が弁済しても他方から履行を得られないという不公平が生じるおそれがある（同一の双務契約上の債権ではないため，同時履行の抗弁権はない）。これを解消するのが相殺である。

（ⅲ）**担保的機能**　仮にＢに弁済資力が無い場合であっても，Ａは，Ｂが自己に対して有する反対債権（Ａからみれば売掛債務）と相殺することによって，貸金債権を確実に決済することができる。その意味において，債務者が自己に対して有する反対債権の存在および相殺によって決済する権利は，債権者にとって実質的に担保権に準じる役割を果たす。これを相殺の担保的機能という。

　さらに，相殺による決済に対する債権者の期待は合理的なものとして保護され，第三者に対しても優先する。たとえば，資力のないＢには他にも債権者Ｃがおり，ＣがＢのＡに対する反対債権（売掛債権）に対して差押えを行い，Ａにその履行を求めたとしても，Ａは相殺による消滅を主張してＣの請求を拒んでよい（511条）。

　債権に対する強制執行について補足すると，債務者が他人に対して有する金銭債権も同人の責任財産に含まれ，債権者による強制執行すなわち差押えの対象となり得る。その場合，債権者（差押債権者）の申立てによって裁判所が発する差押命令に基づいて，差押債権者がその債権の取立てを行うかまたはこれを取得して行使することができる（民事執行法143条以下）。

参考文献

・河上正二『担保物権法講義』（日本評論社，2015年）

・道垣内弘人『担保物権法〔第4版〕』（有斐閣，2017年）

・松岡久和『担保物権法』（日本評論社，2017年）

・田高寛貴，白石大，鳥山泰志『担保物権法〔第2版〕』（日本評論社，2019年）

・平野裕之，古積健三郎，田高寛貴『民法3　担保物権〔第3版〕』（有斐閣，2020年）

・石田剛，荻野奈緒，齋藤由起『債権総論』（日本評論社，2018年）

・中田裕康『債権総論〔第4版〕』（岩波書店，2020年）

・潮見佳男『プラクティス民法　債権総論〔第5版補訂〕』（信山社，2020年）

11 | 時効による権利の取得と消滅

《目標＆ポイント》 時効とは何かについて理解した上で，どのような場合に
なぜ時効が認められるのかについて，とくに時効によって利益を享受する者
と不利益を蒙る者とのバランスに留意しながら学習する。
《キーワード》 時効の存在理由，消滅時効，取得時効，所有の意思，時効の
更新，時効の完成猶予，時効の援用，時効利益の放棄，時効完成後の債務承
認

1．民法における時効の意義

（1）時効とは

　法律の世界でなくても，「時が解決する」「その話は時効だから蒸し返
すべきではない」という表現は日常にしばしば用いられるが，時の経過
がトラブルの解決ひいては社会の安定化に影響するという感覚が看取さ
れる。これは法律の分野においても広く体現されている。時効とは，あ
る事実状態が一定期間継続する場合において，それが真実の権利関係に
合致しているか否かを問わずに，その事実関係を法律上の権利関係とみ
なすこと，すなわち，時の経過を根拠とする権利関係の確定をいう。
　民法上の時効の種類について具体的にはこの後説明するが，財産上の
権利の消滅をもたらす消滅時効と，権利の取得を認める取得時効の2種
類がある。たとえば，債権者からの請求がないまま履行期限から一定期
間が経過すると，実際に弁済したか否かを問わずに，債務者は免責され

る。また，ある土地について長期間にわたって所有者と認めるにふさわ
しい占有を継続した者には，実は所有者でない場合であっても，その土
地の所有権取得が認められる。

（2） 時効の存在理由

　それでは，時効によるこのような権利の消滅および取得はなぜ認めら
れるのであろうか。上の例において時効を認めれば，債務者は義務を履
行していないのに債務を免れ，実の所有者が土地の所有権を失うといっ
た事態が生じ得るが，そのような帰結はいかにして正当化されるのか。
　時効の存在理由については，一般に次の３つが挙げられている。
　 i ．永続する事実状態の尊重による社会の安定化
　 ii ．権利の上の眠る者に対する非難
　 iii ．証拠保全の困難の救済
　もし時効がなければ，真実の権利関係が不明である場合において，遠
い過去に遡ってどこまでも調査確認しなければならない困難を強いられ
る。また，債務者がとうの昔に弁済したにもかかわらず，その証拠が散
逸しているために二重払いを余儀なくされるなど，かえって真実の権利
関係が害されるおそれもある。長期間継続する事実状態は真実の権利関
係に合致している可能性が高いため，時効による決着が実態に即した解
決に資する。
　そうでなくても，長きにわたって築かれてきた利害関係を突如として
くつがえすことなく，現状を維持することが社会の安定化につながる。
　また，たとえ権利者といえども，長い間権利を行使せず，自己の物を
使用収益しないで放置してきた所有者または，請求を怠っている債権者
をいつまでも保護する必要はない。

2．消滅時効

（1）消滅時効の具体例

　消滅時効の主な適用対象は債権である。たとえば，AのBに対する貸金債権につき，履行期（弁済期）からAの請求がないまま一定期間が経過したが，ⅰ．Bが未だ弁済していない場合，ⅱ．Bが弁済したかどうか不明な場合，ⅲ．Bはすでに弁済していたが，領収書を保管していなかった場合などにおいて，Aから請求をうけたBが免責を主張することができる。

（2）債権の消滅時効

（ⅰ）原則　　債権の消滅時効は，債権者が権利を行使することが合理的に期待できる時点を「起算点」として時効が進行を開始し，権利の行使がないまま法定の期間が経過することにより，時効が「完成」する。

　①債権は，債権者が権利を行使することができることを知った時（主観的起算点）から5年間行使しないとき，時効によって消滅する（166条1項1号）。貸金債権のような契約上の債権については，合意によって履行期が確定しており（確定期限），債権者は履行期の到来を知るのが通常であるから，履行期から5年経過すれば時効が完成する。

　②債権者が権利行使できることを知らなかった場合であっても，債権を行使することができる時（客観的起算点）から10年間行使しないときも同様となる（同項2号）。たとえば，生命保険金債権のように債権の履行期が特定の人（被保険者）の死亡時と定められていた場合（不確定期限），債権者がその死亡を知らなくても，原則として死亡時から10年経過すれば時効が完成する。この起算点については一般に，客観的に権利行使について法律上の障害がなくなった時点と解されている。もっと

も，判例は，上記の例において被保険者が行方不明であり死亡したことを知るのが困難であったなどの特段の事情が認められる場合には，起算点を遅らせるなど，権利行使の現実的な可能性を考慮している（最判平成15年12月11日民集57巻11号2196頁）。

（ⅱ）**人の生命・身体の侵害による損害賠償請求権**　　人の生命・身体の侵害による損害賠償請求権については，その保護法益の重大性と迅速な権利行使困難にかんがみてその保護が厚くなっており，上記②の時効期間が20年に伸長されている（167条）。この客観的起算点についても判例＜じん肺訴訟判決＞は，炭鉱労働者のじん肺被害に関する損害賠償請求権につき，全損害の確定時であるすべての症状に関する最終的な行政決定時と解している（最判平成6年2月22日民集48巻2号441頁）。

（ⅲ）**不法行為責任**　　不法行為を理由とする損害賠償請求権は，①被害者が「損害及び加害者を知った時」すなわち，損害と加害者を特定して賠償請求が可能となった時から3年間行使しないとき＜主観的起算点＞（724条1号），②被害者が損害および加害者を知るに至っていなくても，「不法行為の時」から20年間行使しないとき＜客観的起算点＞（同条2号），時効によって消滅する。被害者が加害者および損害を特定できない限り，永久に賠償請求ができるとすると，加害者の地位がいつまでも不安定となるため，民法は起算点を客観化して権利行使期間の上限を設定している。なお，人の生命・身体侵害の場合は上記①の時効期間が5年に伸長される（724条の2）。

（ⅳ）**取消権の行使期間**　　取り消すことができる行為（第3章参照）について，取消権を行使するかどうかは取消権者の自由であるが，無制限にこれを認めると相手方がいつまでも不安定な地位に立たされるため，①「追認をすることができる時」すなわち，取消しまたは追認について選択できる時から5年間行使しないとき＜主観的起算点＞（126条

前段），②取消しまたは追認できることを知るに至らなくても，「行為の時」から20年経過したとき＜客観的起算点＞（同条後段），取消権は消滅する。権利行使期間を2段階に分ける趣旨は，不法行為責任と共通している。

（3）債権以外の財産権の消滅時効

　債権または所有権以外の財産権は，権利を行使することができる時から，20年間行使しないときは，時効によって消滅する（166条2項）。条文上明らかなように，所有権は消滅時効の対象ではない。ここにいう財産権とは，地上権などの用益物権を指す。その趣旨は，用益物権は他人の土地に対する制限物権であるため，長期間にわたる権利不行使を理由として所有権を負担から解放することにある。

3．取得時効

（1）取得時効の具体例

　取得時効の主要な対象は所有権である。たとえば，ⅰ．A所有の甲土地をBが購入して引渡しを受け，長く占有を継続してきたが，やがてA・Bが死亡して相続が行われたところ，Aの相続人CがBの相続人Dに対して，実はAB間の売買契約は無効であると主張して甲土地の明渡しを求めてきた場合，ⅱ．Bが乙土地を購入して占有を開始したが，Aが所有する隣地である甲土地との境界を誤認して，同地の一部（越境部分）もあわせて長期間占有していたところ，AがBに対して甲土地の越境部分の明渡しを請求してきた場合などが，問題となる。

（2）所有権の取得時効

（ⅰ）他人の物に対する占有の継続　　所有権の取得時効の成立要件に

ついては，民法162条1項がその原則規定である。以下に解説する。

　すでに述べたように（第6章参照），占有とは，物を所持ないしは利用するなどの事実的支配をいう。他人の物の占有を20年間継続することが取得時効の第一の要件である。

　もっとも，ただ長く占有すればよいというわけではなく，所有権を認めるに値する占有の「質」がさらに問われる。それが次の諸要件である。

（ⅱ）所有の意思（自主占有）　　所有の意思とは自己の物として支配する意思を指し，かかる意思に基づいて開始した占有を自主占有という。所有の意思に基づかない占有を他主占有（他人の物であることを前提とする占有）という。取得時効の成立には自主占有が必要とされる。所有の意思の有無は，権原（占有を開始した原因）の性質にしたがい，客観的・外形的にみて所有者として支配を始めたと評価できるか否かによって判断される。すなわち，売買または贈与に基づいて開始した占有は自主占有であるが，賃貸借あるいは寄託に基づいて賃借人・管理人として開始した占有は他主占有であり，後者につき所有権の取得時効は成立しない。

　なお，所有権があると信じたか否かという主観的事情は，所有の意思とは別個に，善意無過失の要件として考慮される（後述（ⅳ））。

（ⅲ）平穏・公然　　平穏とは，強暴かつ違法な態様の反意語であり，公然は隠蔽と対をなす態様をいう。

（ⅳ）善意無過失　　所有権があると過失なく信じて占有を開始した場合，時効期間は10年に短縮される（162条2項）。所有の意思と異なり，占有者が主観的に善意無過失であったか否かは取得時効の成否ではなく，要件を緩和するための要素に関わる。

（3）所有権以外の財産権の取得時効

　所有権以外の財産権も取得時効の対象となる（163条）。物の占有を目的とする制限物権である用益物権（地上権，永小作権，地役権）および質権のほか，判例によれば不動産賃借権もこれに含まれる（最判昭和43年10月8日民集22巻10号21頁）。

4.　時効の障害事由

（1）意義

　時効の成否にとって時の経過が重要であるが，それだけでただちに権利の得喪が確定するわけではなく，さらに関係当事者の利益調整が織り込まれている。はじめに，時効によって不利益を蒙る者に対する配慮が挙げられる。

　たとえば，債権者が履行請求を繰り返しても弁済がないため，訴訟を提起して争っている間に，あるいは債務者から請われて弁済を猶予しているうちに時効期間が満了した場合，債務者を免責すべきであろうか。上述した時効の存在理由にかんがみれば，権利の不行使が非難に値しない場合または，裁判所を通して権利の存在が明確となった場合においてまで，時効完成を認めるべきではない。そこで民法は，時効の完成を妨げる障害事由として，時効の更新と完成猶予について定めている。

　①時効の更新とは，時効の進行中にこれをくつがえす一定の事由が生じたことにより，それまでの進行をなかったこととして，その時点から再度時効を起算しなおすことをいう。

　②時効の完成猶予とは，時効の進行をくつがえすには至らないが，進行中に生じた一定の事由により，時効の進行を停止してその完成を一時的に遅らせる措置を指す。

（2） 時効の更新

（ⅰ） **完成猶予＋更新型**　　裁判上の請求，支払督促，裁判上の和解・調停，破産・再生・更生手続参加が行われた場合，それらに関する裁判上の手続が終了するまで一旦時効の完成が猶予され（147条1項），確定判決等により権利が確定すれば，時効が更新される（同条2項）。

　強制執行，担保の実行などが行われた場合も，その執行手続が終了するまで時効の完成が猶予され（148条1項），終了後もなお債権が残存するときは，時効が更新される（同条2項）。

（ⅱ） **更新独立型（権利の承認）**　　時効によって利益を享受する者（ex. 債務者）が権利（債務）を承認した場合は，それだけでただちに更新事由となる（152条1項）。履行期到来後に債務者が弁済の猶予を求めた場合などがこれにあたる。

（3） 時効の完成猶予

（ⅰ） **権利行使型**　　仮差押え（民事保全法20条）および仮処分（同法23条）が行われた場合，その手続終了後から6か月経過するまで時効の完成が猶予される（149条）。

　裁判外における履行請求を催告といい，催告時から6か月経過するまで時効は完成しない（150条1項）。

（ⅱ） **権利行使困難型**　　権利についての協議を行う旨の合意が書面でされたときは，合意の時から1年経過するまで時効は完成しない（151条1項）。たとえば，損害賠償請求権の有無・賠償額・賠償方法などに関して協議が行われている間は，裁判上の権利行使を期待できないからである。

　時効期間の満了前6か月以内に権利者が法定代理人を失った場合は，本人が行為能力者となった時または法定代理人の就任時から6か月経過

するまで時効は完成しない（158条）。また，時効期間満了時に天変事変が生じた場合も，天災等の終了時から3か月経過するまで時効は完成しない（161条）。やむを得ない事情により時効の完成を阻止することができないことに対する配慮に基づいている。

5. 時効の援用

（1）援用の意義

　時効の成否については，時効によって利益を享受する当事者の私的自治が尊重されており，時効による権利の確定のためには，当事者による援用を要する（145条）。時効の援用とは，当事者が時効による権利の消滅または取得を主張することである。援用するか否かは当事者の自由であり，したがって，たとえ時効が完成しても，未履行の債務者が時効による免責を望まない場合は，時効を援用せずに弁済することは妨げられない。

（2）援用権者

　時効の援用ができる当事者を援用権者という。債権の消滅時効においては，時効によって債務を免れる債務者のほか，保証人，物上保証人（債務者のために自己の物を担保として提供した者），第三取得者（担保目的物の譲受人）その他権利の消滅について正当な利益を有する者がこれにあたる（145条）。

（3）時効利益の放棄

　時効を援用するか否かは自由であるから，援用権者は時効完成後に援用権を放棄することができる。これを時効利益の放棄という。これにより，時効の効果が生じないことが確定する。

　ただし，時効利益の放棄は時効完成前に予めすることができない（146条）。債務者が援用することができないうちに債権者が時効利益を放棄させることによって，援用の自由を奪うことを防止するためである。

（4）時効完成後の債務承認

　債務者が債権者に対して弁済の猶予を求めた場合，それが時効の進行中であれば債務の承認として時効が更新され，時効完成後にこれを知った上で行ったのであれば時効利益の放棄にあたる。

　それでは，債務者が時効完成を知らずに債務を承認した場合，時効利益の放棄とはならないが，判例によれば，その後に時効完成を知るに至った債務者が援用権を行使することは信義則に違反して許されない（最大判昭和41年4月20日民集20巻4号702頁）。債務承認後の時効援用は矛盾態様であり，債権者の正当な信頼を害するからである。

6. 除斥期間

　権利不行使のまま法定の期間が経過したことをもってただちに権利の消滅をもたらす期間制限を，除斥期間という。時効の更新・完成猶予による調整はなく，援用も不要である点が消滅時効と異なっており，期間経過のみによる画一的な権利関係の確定を目的とする概念であるが，民法上の明文規定はない。

　もっとも，判例は不法行為責任における長期の権利行使期間（724条1項後段）を除斥期間と解しており，取消権の権利行使期間につき学説の多くは除斥期間と解しているが，2017年改正に際して除斥期間が導入されるには至らなかった。

参考文献

・山野目章夫『民法概論1　民法総則』（有斐閣，2017年）

・四宮和夫，能見善久『民法総則〔第9版〕』（弘文堂，2018年）

・中舎寛樹『民法総則〔第2版〕』（日本評論社，2018年）

・佐久間毅『民法の基礎1　総則〔第5版〕』（有斐閣，2020年）

12 | 一般不法行為責任

《目標＆ポイント》　本章では，契約と並んで重要な債権の発生原因である不
法行為を取り上げ，不法行為を理由とする損害賠償責任に関する一般原則に
ついて学習する。
《キーワード》　結果回避義務違反，違法性，受忍限度，相当因果関係，立証
責任，財産的損害・精神的損害，逸失利益，差止請求

1．日常生活と不法行為

　私人間における財産上の権利義務関係は契約によって生じるものばか
りとは限らない。私たちが平穏に生活しようとしても，事故に遭って生
命，身体または財産が害されることがあり，他人から人格を傷つけられ
ることもある。また時として自分が他人に損害を与えてしまう場合もあ
り得る。民法は，不法行為法（709条以下）において，私人間における
加害行為によって生じた損害賠償責任について規律し，加害者との公平
に配慮しながら被害者救済を図っている。一口に不法行為といってもそ
の類型は多岐にわたるが，本章では，その基礎編として，不法行為責任
に関する一般原則（一般不法行為）について解説する。

2．不法行為責任の機能

（1）法律上の責任と不法行為責任

　違法な行為に対する法律上の責任は，民事責任としての不法行為責任

だけではない。たとえば，Aが自動車を運行中に歩行者Bを負傷させた
場合，Aの行為が刑法上の犯罪に該当すれば，懲役・禁固・罰金・拘
留・科料といった刑罰の対象となる（刑事責任）。また，道路交通法上
の免許の取消し・停止等あるいは反則金などの行政法上の責任も問われ
得る。法律上の責任といっても，関連法規によってその目的，成立要件
および責任内容が異なっており，それらの成否についてはそれぞれ別個
独立に決定される点に注意が必要である。

　民法上の不法行為責任は，国家の加害者に対する制裁あるいは矯正な
どではなく，私人間における損害の塡補によって被害者の救済を図るこ
とを主目的としている。もっとも，加害者に損害賠償責任を負わせる点
にかんがみれば，加害行為の抑止あるいは制裁という機能がないわけで
はない。

（2）保険・損失補償・社会保障と損害賠償責任

　被害者救済の手段は，不法行為責任に基づく加害者と被害者間の損害
賠償だけではない。

　第一に，加害者が責任保険に加入していた場合は，加害者が締結した
保険契約に基づいて保険金が支払われる。加害者の賠償能力を補充して
被害者の迅速な救済に資するため，自動車損害賠償保障法（自賠法）
は，強制保険により自動車運行供用者に保険の加入を義務づけている
（同法5条）。

　第二に，被害者の側が損害保険に加入していた場合，被害者が締結し
た保険契約に基づいて保険金が支払われるため，加害者の責任とは別個
の救済手段として機能する。

　第三に，労災・公害・医薬品被害さらには犯罪被害については，特別
法に基づいて，国による社会保障として損失の補償が行われる。これら

も加害者の責任とは異なるが，その中には，加害者となり得る企業が予め拠出した基金から補償の一部が行われるものがある。

3. 一般不法行為の成立要件・1─故意・過失─

（1）過失責任の原則

　一般不法行為責任の成立要件については民法709条に定められており，以下に順次解説する。不法行為責任が成立するためには，非難されるべき加害者の態様として，故意または過失が必要である。この要件は，民事責任における過失責任の原則（第1章参照）に基づくものである。故意と過失とは非難の度合いを異にするため，刑事責任においては故意犯が原則であり，過失犯はその例外として両者が区別されているが，民事責任は過失があれば成立し，かつ故意と過失を区別しないのが原則である。

（2）故意・過失の意義

　故意とは，他人を害する結果の発生を認識ないし認容することであり，過失は必要な注意を欠く態様を指すが，過失の意義についてはさらに補足説明を要する。

　過失とは，「うっかり」「ぼんやり」していたというような心理的態様ではなく，「やるべきことをしなかった」という客観的な注意義務違反をいう。その注意義務は，自己の行為による結果の発生を予見すべき義務（予見義務）とその発生を回避すべき義務（結果回避義務）によって構成される。そのため，過失とは，損害発生について予見可能性があることを前提とする結果回避義務違反と定義され，過失の有無を決するについては，損害発生を回避するために必要な措置を講じたか否か，という観点が重要となる（大判大正5年12月22日民録22輯2474頁＜大阪アルカ

リ事件判決＞）。これを過失の客観化という。

　このような注意義務の水準については，標準的な一般人の注意が基準とされる。もっとも，専門家の責任とりわけ人の生命・身体の安全に関わる医師については，「診療当時のいわゆる臨床医学の実践における医療水準」に照らして，「危険防止のために経験上必要とされる最善の注意を尽くす」義務が課される（最判平成7年6月9日民集49巻6号1499頁＜未熟児網膜剝離事件判決＞）。なお同判決は，「最善の注意義務」の具体的内容につき，すべての医療機関について一律に決すべきではなく，当該医療機関の性格，その所在地域の環境的特性，医師の専門分野等に応じて，相対的に判断されるべき旨も示している。

（3）責任能力

　故意・過失とは異なるが，自己の行為の責任を弁識するに足りる精神能力を責任能力といい，責任能力を有しない年少者または精神上の障害のある者は，不法行為責任を負わない（712条，713条）。賠償資力の有無と混同しないよう，注意されたい。

　その趣旨については，故意・過失を非難する前提に欠けるというのが伝統的な理解であるが，過失の客観化にともない，過失の有無とは別個の弱者保護のための政策的配慮に基づく要件とみる見解も有力である。

（4）違法性阻却事由

　正当防衛と緊急避難に該当する場合，加害行為が非難に値しないためその違法性が阻却され，不法行為責任は生じない（720条）。

　正当防衛とは，他人の不法行為に対し，自己または第三者の権利または利益を守るために，やむを得ず加害行為をした場合をいう（同条1項）。暴行を逃れるためにやむなく他人または他人の物を傷つけた場合

などが該当する。

　緊急避難とは，他人の物（飼い犬など）から生じた急迫の危難を避けるためにその物を損傷した場合を指す（同条2項）。

4．一般不法行為の成立要件・2
—権利または保護法益の侵害—

（1）権利・法益侵害と違法性

　被害者救済の必要性に関わる要件として，権利または「法律上保護される利益」（保護法益）の侵害が挙げられる。もっとも，これらが具体的に何を指すのかについては条文上明らかではなく，法令上規定されている権利であればすべて保護対象となるのか，これとは逆に明文規定のない権利または利益の侵害は含まれないのかについては，解釈・運用に委ねられているが，さしあたり次の点に留意されたい。

　第一に，どのような権利または利益が保護されるべきかについては，予め一義的に画定できるものではなく，社会の発展ないし変容に応じて時代とともに変わり得る。

　第二に，権利または法益侵害の有無については，被害者救済の必要性と加害者の非難可能性すなわち，被侵害利益ないし権利の重要性の有無・程度と，加害行為の態様に関する違法性の大小とを比較衡量しながら，被害者のいかなる権利または利益が，どのように害されたかにしたがって判断される。そのため，加害行為の違法性については，正当防衛・緊急避難の有無だけが問われるわけではない。

　以下に，主な権利または保護法益について類型別に概説する。

（2）生命・身体・自由

　加害行為によって生命・身体・自由などの基本的な人格権が侵害され

た場合，不法行為責任の対象となるのは明らかである。

（3）財産権

　物の滅失・損傷・不法占有などによって所有権その他の物権が侵害された場合，これによって生じた損害が賠償されるべきであることについても，異論がない。無断使用等による著作権・特許権・商標権などの知的財産権に対する侵害についても同様である。

　債権の侵害はどうか。相容れない契約が二重に行われるなど，取引社会においては，ある契約の締結および履行がすでに成立した他人の契約の実現を妨げることがある。これにより債権の実現が害されたとしても，通常は債務者の債務不履行責任が問題となるにとどまるが，第三者が故意に不当な手段を用いて他人の契約の実現を妨げた場合は，債権侵害による不法行為責任が成立することがある。

（4）名誉・プライバシー

（ⅰ）名誉毀損　　人の品性，徳行，名声，信用等の人格的価値も保護されるべきであり，これを侵害して人の社会的評価を低下させる行為は，名誉毀損にあたる（最大判昭和61年6月11日民集40巻4号872頁）。メディアによる報道・記事などが典型例であったが，現代においてはネット上の誹謗・中傷も深刻化している。名誉毀損は，①ある事実の適示による事実適示型と，②ある事実を基礎としての意見ないし論評の表明による意見論評型に分かれる。不法行為に当たるか否かについては表現の自由との調和が問われるが，判例は，人の社会的評価を低下させる行為であっても，ⅰ．事実の公共性，ⅱ．公益目的，ⅲ．事実の真実性がすべて認められる場合は違法な権利侵害にあたらず，ⅳ．ⅲが認められない場合であっても，真実であると信じるにつき相当な理由があるとき

は，過失が否定されると解している（事実適示型につき最判昭和41年 6 月23日民集20巻 5 号1118頁，意見論評型につき最判平成 9 年 9 月 9 日民集51巻 8 号3804頁）。さらに意見論評型においては，人身攻撃に及ぶなどの意見論評を逸脱した表現でないことも違法性阻却事由に加わる。

（ⅱ）プライバシー侵害　　プライバシーとは，私生活をみだりに公表されないという法的保護に値する利益ないし権利をいう。前科や病歴など社会的評価に影響を及ぼし得る私生活上の事実の公表（最判平成 6 年 2 月 8 日民集48巻 2 号149頁）のほか，氏名・住所・電話番号・年齢・性別など秘匿性が高くない事実であっても，自己が望まない他人に対する開示は，プライバシー侵害にあたり得る（最判平成15年 9 月12日民集57巻 8 号973頁）。違法な侵害にあたるか否かについては，公表・開示目的の正当性および本人の同意取得の可能性との相関判断による。

（5）氏名・肖像・パブリシティ

　個人の人格の象徴である氏名や容ぼう・姿態などの肖像も，法的保護に値する人格権ないし人格的利益にあたり，その無断使用ないし撮影または不適切な表示などは，加害行為の態様に応じて，それが被害者において社会生活上受忍すべき程度を超えるものと認められるときは，不法行為に該当する（氏名権につき最判昭和63年 2 月16日民集42巻 2 号27頁，肖像権につき最判平成17年11月10日民集59巻 9 号2428頁）。

　近年では，芸能人やスポーツ選手など有名人の肖像に関する商業的利用が新たな問題となっている。有名人の肖像には人格的価値だけでなく，商標などに類する財産的価値が認められるため，判例は，その肖像が有する顧客吸引力の排他的利用を目的とするパブリシティ権が，保護法益に含まれる旨を明らかにした（最判平成24年 2 月 2 日民集66巻 2 号89頁＜ピンクレディー事件判決＞）。

（6） 身分上の人格的利益

　第三者が配偶者の一方と性的関係を持つことによって婚姻関係を破たんさせる不貞行為が，他方配偶者に対する不法行為にあたるかどうかについては，不貞行為に及んだ配偶者の意思の自由との関係において議論があるが，判例はこれを肯定する（最判昭和54年3月30日民集33巻2号303頁）。

（7） 生活利益・環境利益

　近隣における工事，営業活動，生活などによる騒音，振動，異臭，排気等により，深刻な健康被害が生じれば生命・身体の侵害にあたるが，快適な生活環境が害されたにとどまる場合はどうか。このような生活妨害がただちに不法行為になるとすると，他人の経済活動等の自由や所有権行使の自由などを過度に制約するため，加害行為の態様に関する違法性の大小に応じて，社会生活において受忍することが一般的に相当である限度（受忍限度）を超える程度のものといえるか否かに応じて，判断される。判例には，近隣における違法建築による日照・通風妨害について不法行為の成立を認めたものがある（最判昭和47年6月27日民集26巻5号1067頁）。

　さらに近年では，地域住民が良好な景観を享受する利益が争点となったが，判例には，景観利益も不法行為法上の保護法益に含まれると解しつつも，高層マンションの建築が景観利益の侵害にあたるのは，「侵害行為の態様や程度の面において社会的に容認された行為の相当性を欠く」場合に限定される旨を示して，最終的にこれを否定したものがある（最判平成18年3月30日民集60巻3号948頁＜国立マンション事件判決＞）。

5．一般不法行為の成立要件・3 —損害の発生—

　権利または保護法益の侵害の具現化として，これにより損害が発生したことを要する。賠償すべき損害の種類および算定については，不法行為の効果として節をあらためて解説する。

6．一般不法行為の成立要件・4 —因果関係—

（1）意義

　不法行為責任が成立するためには，故意または過失による加害行為と，権利または法益侵害および損害発生との間に，原因と結果の関係すなわち，因果関係が存在しなければならない。なお，因果関係の有無は，不法行為責任の成否だけでなく，その内容すなわち賠償すべき損害の範囲（加害行為によって発生した損害のうちどこまで賠償を認めるべきか）に関する実質的判断に際しても問題となる。後者については，不法行為の効果として節をあらためて解説する。

（2）因果関係・過失の立証

（i）問題の所在　　不法行為の成立については，原則として，それを理由とする権利の発生を主張する者すなわち，被害者の側において証明しなければならない。そのため，不法行為責任の成立要件に関する立証責任は被害者が負う。そうすると，加害者の過失および因果関係の存在についても被害者が立証すべきことになるが，公害や医療過誤などにおいて，損害の原因を具体的かつ正確に特定して，企業または医療機関が損害防止のために必要な措置を講じなかった旨を厳密に証明するには，高度な専門的知見と技術を要するため，被害者はしばしば困難を強いられる。

　そこで判例は，このような場合において加害者との公平を図るために，立証責任の緩和および転換ないし分配に努めている。

（ⅱ）**立証責任の公平な分配**　　因果関係の立証は，一点の疑義も許さない自然科学的証明である必要はなく，経験則に照らして，特定の行為から特定の結果が発生したことを推認させる「高度な蓋然性」の証明で足りる（最判昭和50年10月24日民集29巻9号1417頁＜東大ルンバール事件判決＞）。

　過失の立証についても，企業または医療機関の対応における不備を具体的かつ厳密に証明しなくても，経験則に照らして過失を推認させる一定の事実を示せば足りる（最判昭和51年9月30日民集30巻8号816頁）。

　上記の事実を証明すれば立証責任が被害者から加害者に転換され，今度は加害者の側において因果関係または過失の不存在を証明しなければ，不法行為が成立する。

7.　不法行為の効果

（1）損害の種類

（ⅰ）**意義**　　不法行為が成立したとしても，その効果として生じる責任の内容すなわち，どのような損害についてどこまで賠償すべきかがさらに問題となる。

（ⅱ）**財産的損害**　　物の滅失・損傷による価値の喪失・減少，医療費や修繕費用の支出など，財産上の損失が賠償すべき損害として第一に挙げられる。

（ⅲ）**精神的損害**　　財産以外の損害も賠償の対象となる（710条）。ここにいう非財産的損害とは精神的損害を指し，慰謝料として算定される。生命侵害を理由とする慰謝料請求権についてさらに補足しよう。第一に，死亡による慰謝料請求権の発生および相続性につき，判例は金銭

債権の一つとして肯定する（最大判昭和42年11月1日民集21巻9号2249頁）。第二に，生命侵害については被害者の近親者にも固有の慰謝料請求権が発生する（711条）。

（ⅳ）逸失利益　　もし不法行為がなければ将来において得られたはずの利益の喪失（逸失利益）も，賠償すべき損害に含まれる。上記の（ⅱ）（ⅲ）が現に発生している積極的損害であるのに対して，このような消極的損害は仮定的であるため，その算定方法が問われる。死亡により労働能力を喪失した場合において得られなくなった収入が代表例であるが，被害者が就労者であれば，不法行為時の年収を基礎として逸失利益が算定される。その基本的な算定式は次の通りである。

逸失利益＝年収×稼働可能年数
　　　　　　　　－生活費など支出を免れた必要経費－中間利息

　被害者が未就労の年少者であった場合は，平均賃金を基礎とした逸失利益の算定が行われる（最判昭和39年6月24日民集18巻5号874頁）。それが女子であった場合は，女子労働者の平均賃金に基づいて算定されるが（最判昭和62年1月19日民集41巻1号1頁），このような男女格差を前提とする算定に対しては批判がある。

（ⅴ）相当程度の生存可能性の侵害　　医療過誤による死亡事故において，当初より被害者が重篤であり，適切な医療が行われたとしても治癒する見込みが乏しい場合は，医療過誤によって死亡したことを推認させる高度な蓋然性が認められないため，少なくとも生命侵害について責任は生じない。それでは，患者が重篤であれば，医療機関は最善の注意義務を尽くさなくても何ら責任を負うことはないのかが問われるが，判例は，少なくとも医療過誤がなければ死亡時点において「生存していた相当程度の可能性」が認められれば，それも保護法益に含まれるとして，

その侵害を理由とする慰謝料の賠償を肯定した（最判平成12年9月22日民集54巻7号2574頁）。生命自体の侵害とは異なり，逸失利益の賠償ではない点に留意されたい。

　なお，逸失利益を含む財産的損害の賠償請求権にも相続性が認められる（大判大正15年2月16日民集5巻150頁）。

（2）賠償すべき損害の範囲

　加害行為との間に因果関係が認められる全損害を賠償しなければならないとすると，連鎖的に生じる損害が際限なく含まれることになりかねず，被害者は厚く保護されるものの，加害者の責任が過大となってかえって公平を失するおそれがある。そこで判例は伝統的に，損害賠償の範囲に関する民法416条にしたがい，「相当因果関係」が認められる妥当な範囲に属する損害に制限されるべき旨を示している（最判昭和48年6月7日民集27巻6号681頁）。

（3）過失相殺

　加害者と被害者間における公平な損害の分担という観点に照らせば，損害の発生または拡大につき被害者の非難すべき態様が寄与したときは，その度合いに応じて賠償額を減額すべきである。そこで，被害者の側にも過失があったときは，裁判所はその過失割合に応じて賠償額を減額することができる（722条2項）。なお，ここにいう過失の意味については，不法行為責任を負わせるための要件ではなく，公平の見地から救済を減じる要素にすぎないため，広く柔軟に解されるべきであり，責任能力の有無を問わないとされている（最判昭和39年6月24日民集18巻5号854頁）。

（4）原状回復

　不法行為責任の内容については金銭賠償が原則であるが，例外として
民法は，名誉毀損に対する効果的な損害填補の方法として，「名誉を回
復するのに適当な処分」を認めている（723条）。謝罪広告などがこれに
あたる。

（5）差止請求

　有害物質の排出，騒音，振動など継続的な加害行為に対する救済手段
として，事後的な損害賠償だけでなく，現在および将来における損害発
生の防止のために，加害行為の中止を求める差止請求が考えられるが，
これを一般的に認める明文規定はなく，その可否および要件さらには範
囲が問題となる。

　差止めは被害者の厚い保護に資するが，損害賠償と異なり，加害者の
経済活動あるいは所有権行使などの自由そのものを奪う効果をともなう
ため，空港・鉄道・道路における交通機関による騒音・振動のように，
加害行為が公共性を帯びる場合については，とくに注意を要する。

　差止請求の可否および範囲（全面差止めか，時間的・場所的・量的範
囲等を限定した差止めか）については，加害行為の違法性の程度および
公共性の有無および被侵害利益の重大性（深刻な生命・健康被害の有
無）に応じて，損害賠償に比してより慎重に判断されるべきである。判
例には，航空機の運航につき差止請求を否定したもの（最大判昭和56年
12月16日民集35巻10号1369頁＜大阪国際空港事件判決＞），通行車両による
国道供用につき，損害賠償請求は認めたが差止請求については否定した
もの（最判平成7年7月7日民集49巻7号1870頁＜国道43号線事件判決＞）
などがある。

参考文献

・円谷峻『不法行為法・事務管理・不当利得〔第3版〕』（成文堂，2016年）
・吉村良一『不法行為法〔第5版〕』（有斐閣，2017年）
・潮見佳男『基本講義　債権各論Ⅱ　不法行為法〔第3版〕』（新世社，2018年）
・窪田充見『不法行為法〔第2版〕』（有斐閣，2018年）

13 | 特別不法行為責任

《目標＆ポイント》 不法行為は多様であり，これにともなって加害者と被害者間の公平な損害填補のあり方もさまざまであるため，多くの特則が設けられている。本章ではそうした特別不法行為について学習する。
《キーワード》 中間責任，報償責任，危険責任，外形標準説，連帯債務，関連共同性

----

1. 特別不法行為とは

前章で取り上げた一般不法行為に対する特則を総称して特別不法行為とよぶが，どの点が「特別」なのか。第一に，特別不当行為の主要な対象は，他人の行為に関する責任である。加害者本人ではないが，加害者または損害の原因と一定の関係に立つ者に責任を負わせるのが公平と認められる場合があり，民法はこれを類型化して規定を置いている。第二に，必要に応じて過失責任原則の修正が行われている。以下に，重要な特別法も含めて解説する。

2. 監督義務者の責任

(1) 意義

すでに触れたように，未成年者のうち責任能力のない年少者および，精神上の障害により責任能力に欠ける者は不法行為責任を負わないため（712条，713条），これらの者が不法行為に該当する加害行為を行った場

合，被害者の救済はどうなるかが問われる。この場合，責任無能力者の監督義務者が責任を負う（714条1項）。監督義務者とは法定の監督義務を負う者を指し，親権者などがこれにあたる。このほか，保育所や幼稚園，学校，病院その他の施設など，法定監督義務者からの委任または法律の規定により，責任無能力者の監督を引き受けた代理監督者も責任主体となる（同条2項）。

　さらに判例は，配偶者や子は法定監督義務者にあたらないとしつつ，法定監督義務者がいない認知症患者の加害行為につき，本人との実質的な関係に照らしてその監督義務を引き受けたとみるべき特段の事情が認められる者は，「法定の監督義務者に準ずべき者」にあたるとして，714条を類推適用すべき旨を示した（最判平成28年3月1日民集70巻3号681頁<JR東海事件判決>）。

（2）免責事由

　監督義務者は，監督義務違反がなかったことまたは，監督義務違反と損害発生との間に因果関係がないことを証明することによって，免責される（同条1項ただし書）。監督義務者は過失がなければ責任を負わなくてよいため，無過失責任ではないが，被害者による監督義務違反の立証を要さず，監督義務者の側に免責事由の立証責任がある点において，本来の意味における過失責任とも異なっている。このような性質を有する責任を「中間責任」という。

　監督義務違反の有無については，責任無能力者による危険の防止に十分努めていたか否かが問われるが，近年の判例には，責任無能力者である11歳の小学生が放課後に校庭でサッカーに興じていた際，ゴールに向けて蹴ったボールが校外に出て通行者と接触・転倒させ，最終的に死亡に至らしめた場合において親権者の監督義務者責任が問われた事案につ

き，加害行為が「通常は人身に危険が及ぶとはいえない行為」であった場合，「親権者の直接的な監督下にない子の行動」に対する監督義務は，当該行為を具体的に予見できた場合でない限り，危険な行為をしないよう通常のしつけをしていたことで足りる旨を示した（最判平成27年4月9日民集69巻3号455頁＜サッカーボール事件判決＞）。

3. 使用者責任

（1）意義

たとえば，A社の営業担当者Bが，営業のために社用車を運行中に事故を起こしてCを負傷させた場合，Bが加害者として不法行為責任を負うのは当然としても，その使用者であるAも，被用者がその事業の執行について第三者に加えた損害を賠償すべき責任を負う（715条）。これを使用者責任という。

加害行為を行っていない使用者が責任を負うべき根拠については，被用者の業務行為によって利益を得ている者にその行為によって生じた損失を負担させるのが公平に適うという報償責任原理と，被用者の業務行為にともなう危険を支配管理する者が責任を負うべきである旨の危険責任原理が説かれている。

（2）要件

（ⅰ）意義　使用者責任の成立要件は，ⅰ．加害行為が不法行為に該当すること，ⅱ．加害者との間に事業に関する使用関係（雇用関係などの指揮監督関係）が存在すること，ⅲ．加害行為がその事業の執行の範囲に属するもの（事業執行性）であること（同条1項本文），ⅳ．使用者に免責事由がないこと（同項ただし書）である。

上記のⅳは，使用者責任も中間責任であることを示している。さらに

iiiについて以下に補足説明する。

（ⅱ）**外形標準説**　上記の例で，Bが取引先からの帰路において私用のために寄り道した際に事故を起こした場合，厳密には業務外の不法行為であるため，上記iiiの事業執行性の要件を充たさないようにもみえる。しかしながら，事業の執行の範囲を厳密に解すると，使用者・被用者側の内部事情によって使用者責任の成否が左右されることになり，被害者の地位が不安定なものとなる。そこで判例は，事業執行性については，被害者の側から客観的・外形的にみて業務の範囲に属する行為と認められれば足りるとする外形標準説に立つ（最判昭和30年12月22日民集9巻14号2047頁）。

（3）事後的・内部的求償

　使用者責任が成立する場合であっても，被用者が不法行為責任を負うことに変わりはないため，使用者が被害者に賠償した場合，事後的に被用者に対して求償することは妨げられない（同条3項）。その範囲につき，最終的には加害行為を行った被用者が全責任を負うべきであるとすれば，使用者はつねに全額求償することができてよさそうであるが，使用者のための業務に際して生じた損害につき，そのすべてを被用者に負担させるのが公平であるとはいい難い。そこで判例は，業務の危険性，加害行為予防のための措置の有無・程度，労働条件，勤務状況，加害行為の態様など諸般の事情に照らして，求償権行使の範囲を信義則上妥当な範囲に制限すべきであると解している（最判昭和51年7月8日民集30巻7号689頁）。

4. 共同不法行為責任

（1）意義

　複数の加害者が共同で不法行為を行った場合，これによって生じた損害につき，各加害者は連帯して賠償すべき責任を負う（719条1項前段）。たとえば，AとBが共同でCに暴行を加えて重傷を負わせた場合，AとBは連帯して損害賠償責任を負う。ところで，「連帯」して債務を負担するとは，どういう意味であろうか。

（2）多数当事者の債権債務関係

　たとえば，AとBが共同事業のためにCから1000万円借りた場合のように，一個の債権債務関係について債務者が複数存する場合，原則として平等割合による分割債務となり，AとBは500万円ずつ，Cに対して別個独立に債務を負う（427条）。Aは自己の債務を弁済すれば免責され，Bの債務については責任を負わない。これに対して連帯債務とは，各債務者が債務の全額について履行すべき義務を負い，債権者は各債務者に対して自由に履行を請求することができ，そのうちの誰かが弁済すれば，債務者全員が免責される債務形態をいう（436条）。上の例では，A・Bともに1000万円支払う債務を負担し合い，どちらか一方または二人であわせて1000万円弁済するまで免責されない。

　連帯債務となるのは，当事者間の合意または法律の規定がある場合であり，共同不法行為責任については民法719条により連帯が生じる。上記の共同不法行為の例において，仮に一般不法行為に関する709条にしたがえば，AとBはそれぞれ自己の行為の結果すなわち自己の寄与度に応じて賠償すれば足りるが，連帯責任とは，他の共同行為者の分を含む損害全額について賠償すべき責任を負担し合うことを意味する。共同不

法行為責任の特則性は，このように一般不法行為に比して加害者の責任が加重される点に求められる。

（3）関連共同性

（ⅰ）**意義**　共同不法行為が成立するためには，各人の行為が一般不法行為の成立要件を充足していることに加えて，上述のような連帯責任を導くための要件として，各人の行為間における「関連共同性」が必要である。

（ⅱ）**主観的関連共同性**　他人に損害を加えることにつき加害者間に意思の連絡がある場合が，共同不法行為の典型例であり，このような主観的関連共同性がある場合に連帯責任を認めるべきことに異論はない。

（ⅲ）**客観的関連共同性**　たとえば，Aが運転する車とBが運転する車が双方の過失により接触事故を起こし，付近を歩行していたCが事故に巻き込まれて負傷した場合あるいは，同じ地域にある別企業であるA社とB社の工場から排出される煤煙により，地域住民であるCに健康被害が生じた場合のように，加害者間に主観的関連共同性が認められないときは，一般不法行為が偶然競合したにすぎず，AとBはそれぞれ自己の寄与度について責任を負えば足りるのか。

　判例・通説は，交通事故や公害における被害者救済の要請と相まって，各行為との間に時間的・場所的一体性が認められるなど，客観的にみて一体といえる程度の関連性（客観的関連性）があればよいと解している（最判昭和43年3月23日民集22巻4号964頁＜山王川事件判決＞）。

（4）事後的・内部的求償

　共同不法行為が成立する場合，各共同行為者は被害者に対する関係においては，損害全額について賠償責任を負うとしても，共同行為者間に

おいては最終的に自己の寄与度に応じて責任を分担するのが公平である。したがって，共同行為者の一人が自己の寄与度を超えて賠償したときは，他の行為者に対して求償することができる。

（5） 加害者不明型

たとえば，A～Jの10名が集団でKに対して暴行を加えていたところ，そのうちの誰かによる致命的な攻撃が原因でKが死亡したが，それが誰であるかが不明である場合のように，共同行為者のうちいずれの者がその損害を加えたかを知ることができないときも，共同不法行為責任が成立する（719条1項後段）。そのため，A～J全員がKの死亡につき連帯して責任を負う。

（6） 教唆者・幇助者

上記の例において，Aは暴行を指示しただけであり，またBはKを押さえつけたにすぎず，直接暴行に加わっていない場合であっても，このような教唆者および幇助者も共同行為者とみなされ，連帯責任を免れない（同条2項）。

5．土地工作物責任

A所有の甲建物に賃借人としてBが居住していたところ，甲の外塀が崩れたことにより，付近を通りかかった歩行者Cが負傷したという場合，Cは誰に対して損害賠償を求めることができるか。建物は土地の工作物にあたるところ，民法は，土地工作物の設置または保存に瑕疵があることによって他人に損害を生じた場合につき，危険責任の考え方に立って次のように規定している（717条）。

第一に，被害者の迅速な救済および，損害の原因に最も近いところに

いて危険を管理し得る立場にあるという観点から，土地工作物を現に占
有する者（上の例ではB）が責任を負う（同条1項本文）。

　第二に，占有者が損害の発生防止のために必要な注意を尽くしていた
ことを立証した場合は免責され（中間責任），最終的に危険を管理支配
すべき地位にある所有者（上の例ではA）が責任主体となる（同項ただ
し書）。所有者の責任については免責事由がない。

　なお，工作物の設計・建築等に瑕疵があったなど，損害の原因が第三
者の帰責事由によるものであった場合，被害者に対して損害賠償を行っ
た占有者または所有者は，その者に対して求償することができる（同条
2項）。

6.　特別法上の責任

（1）　国家賠償法

　国または地方公共団体は，第一に，公務員がその職務を行うにあた
り，故意または過失によって違法に他人に損害を加えたときは，これを
賠償する責任を負う（国家賠償法1条1項）。第二に，道路，河川その
他の公の営造物の設置または管理に瑕疵があったために他人に損害が生
じたときも，同様である（同法2条1項）。

（2）　自動車損害賠償保障法

　自動車の運行によって人の生命または身体が害された場合における不
法行為責任に関する特別法として，自動車損害賠償保障法は，報償責任
および危険責任の観点から運行者（自己のために自動車を運行の用に供
する者）の責任を強化している。

　運行者は，ⅰ．自己および運転者が自動車の運行に関し注意を怠らな
かったこと，ⅱ．被害者または運転者以外の第三者に故意または過失が

あったこと，ⅲ．自動車の構造上の欠陥または機能の障害がなかったことを，すべて立証しない限り，損害賠償責任を負う（自賠法3条）。このように運行者が立証すべき免責事由は厳格であり，自己に過失がなかったことだけでなく，自動車にブレーキの不具合などの欠陥は存在せず，もっぱら被害者または第三者の故意・過失が原因であったことまで証明しなければならないため，その責任の性質は無過失責任に近い中間責任といえる。

（3）製造物責任法

食品，医薬品，家電製品，自動車などの製造物の欠陥によって生じた損害につき，製造業者等が負うべき不法行為責任の特別法として，製造物責任法（以下，「法」として引用）が制定されている。その主な特色について簡潔に説明する。

第一に，欠陥とは，製造物が流通に置かれた時点において通常有すべき安全性を欠いていることをいい（法2条2項），製造業者等は，かかる欠陥により人の生命，身体または財産が侵害されたときは，これによって生じた損害を賠償する責任を負う（法3条）。その責任根拠は，製造業者等に過失があったことではなく，製造物における欠陥の存在に求められる。

第二に，製造物が流通に置かれた時点における科学技術上の知見に照らして，当該製造物における欠陥の存在を認識することができなかったことを証明したときは，製造業者等は責任を負わない（法4条1号）。製品の開発・製造過程において予見することを期待できなかったやむを得ないリスクから，製造業者を免責する趣旨に基づいている（開発危険の抗弁）。

参考文献

・円谷峻『不法行為法・事務管理・不当利得〔第3版〕』（成文堂，2016年）

・吉村良一『不法行為法〔第5版〕』（有斐閣，2017年）

・潮見佳男『基本講義　債権各論Ⅱ　不法行為法〔第3版〕』（新世社，2018年）

・窪田充見『不法行為法〔第2版〕』（有斐閣，2018年）

14 | 家族と法

《目標＆ポイント》　家族法分野のうち親族法を学習対象として，婚姻・親子関係についてどのように規律されているかについて基礎知識を習得する。
《キーワード》　法律婚主義，夫婦別産制，日常家事債務，調停前置主義，破綻主義，財産分与，嫡出推定，親権

1.　家族法の特色

（1）学習上の留意点

　民法典第4編親族・第5編相続を対象とする家族法は，私人間の法律関係という大意においては契約や不法行為と共通するものの，親族間の身分関係および財産関係を規律するにあたっては，至るところで取引に基づく財産関係とは異なる配慮が求められる。家族法の基本原理は，①個人の尊厳（憲法13条），②両性の本質的平等（同24条）であるが，家族法上の問題は，法解釈や公平ないし利益衡量にとどまらない倫理・社会・政策のあり方に踏み込むものが少なからず存する。

　また，家族のあり方が変遷・多様化するにともない，家族法も絶えず対応が求められている。比較的近いところでは，成年後見，特別養子，再婚禁止期間などに関する法改正が実施されたが，婚姻関係における内縁ないし事実婚，同性婚，選択的夫婦別姓，離婚事由，嫡出推定など，立法上の課題も山積している。

　なお，2018年相続法改正については次章で取り上げる。

（2）手続における特色

　離婚や相続あるいは成年後見などをめぐる親族間の紛争（家事事件）に関しては，紛争解決の法的手続についても特別な手当てが行われている。まず，家事事件の多くは，家庭裁判所が第一審裁判所となる。裁判上の手続は，調停，審判および訴訟に分かれており，家事調停および家事審判は家事事件手続法および家事事件手続規則にしたがって行われ，訴訟の手続については人事訴訟法という特別法が規定している。

2.　親族

（1）意義

　親族とは，①6親等内の血族，②配偶者，③3親等内の姻族をいう（725条）。以下に補足して説明する。

（2）血族・配偶者・姻族

　血族とは，親子関係の連鎖によってつながる者を指し，出生による血縁関係が認められる自然血族と，養子縁組による法的擬制によって認められる法定血族がある。
　配偶者は，婚姻当事者からみた相手方である。
　姻族とは，配偶者の一方と他方配偶者の血族との関係をいう。

（3）直系・傍系

　祖父母，父母，子，孫のように，世代間を直上・直下する形でつながる関係を直系といい，兄弟姉妹，おじ，おば，おい，めい，いとこのように，同一祖先からの分岐・直下によりつながる関係を傍系という。
　なお，自分の配偶者の直系血族（夫または妻の父母など）または，自分の直系血族の配偶者（子の配偶者など）を直系姻族といい，自分の配

偶者の傍系血族（夫または妻の兄弟姉妹など）自分の傍系血族の配偶者（兄弟姉妹の配偶者など）を傍系姻族という。

（4）尊属・卑属

　自分より上の世代に属する血族を尊属，下の世代に属する血族を卑属という。父母は直系尊属，おじ・おばは傍系尊属であり，子は直系卑属，おい・めいは傍系卑属にあたる。

（5）親等

　親族関係の遠近を示す単位を親等といい，直系血族は本人間の世代数，傍系血族は共通の祖先に遡り，その祖先から他の一人に下るまで世代数による（726条）。父母は1親等，祖父母・孫・兄弟姉妹は2親等，おじ・おばは3親等，いとこは4親等となる。

（6）親族関係の意義

　直系血族・直系姻族・3親等内の傍系血族間の婚姻は禁止されている（734条，735条）。

　直系・傍系を問わず，尊属を養子にすることはできない（793条）。

　配偶者はつねに，そして子・直系尊属・兄弟姉妹は法定の順位にしたがって相続権を有する（889条，890条）。孫・ひ孫，おい・めいは代襲者として相続権を有する（887条）。

　直系血族および兄弟姉妹には扶養義務がある（877条）。

3．婚姻の成立

（1）婚姻の要件

　日本は法律婚主義を採用しており，その要件は，①形式的要件として

の届出（739条以下），②実質的要件としての婚姻意思の合致（742条１号），③婚姻障害の不存在（740条）である。

（2）　婚姻障害

　婚姻の届出は，ⅰ．婚姻適齢（男女ともに18歳）違反（731条＜施行は令和４年４月１日＞），ⅱ．重婚（732条），ⅲ．再婚禁止期間中の婚姻（100日）違反（733条），ⅳ．近親婚違反（734条〜736条）がないことを認めた後でなければ，受理することができない。

　なお，再婚禁止期間の趣旨は，生まれた子が前婚の夫と後婚の夫いずれの子であるのかをめぐる父子関係の紛争または確定困難の回避に求められている。婚姻成立後から200日経過後または，婚姻の解消または取

Column

婚約の意義と効果

　将来において婚姻する旨の合意を婚約という。その法的性質につき判例は婚姻予約ととらえてその有効性を認め，婚姻に関する本人の自由意思を尊重する見地から，婚姻の成立および履行を強制することはできないとしつつも，不当破棄に対して損害賠償責任を認めるなど一定の法的保護を与えている（大連判大正４年１月６日民録21輯49頁，最判昭和38年９月５日民集17巻８号942頁）。

　結納や指輪の交換などの儀式は婚約の要件ではないが，結納の法的性質につき判例は，「婚約の成立を確証し，あわせて，婚姻が成立した場合に当事者ないし当事者両家間の情誼を厚くする目的で授受される一種の贈与」と解している（最判昭和39年９月４日民集18巻７号1394頁）。

消し日から300日以内に生まれた子は，その婚姻中に懐胎したものと推定されるため（772条2項），再婚禁止期間は前婚と後婚の嫡出推定が重複しないように設定されている。同期間は当初6か月と定められていたが，最高裁が100日を超える部分については合理的理由がなく，再婚を過度に制約する点において憲法14条1項・24条2項に反して違憲であると判示したこと（最大判平成27年12月16日民集69巻8号2427頁）をうけて，2016年の民法改正により100日に短縮された。

（3）婚姻の無効・取消し

（ⅰ）婚姻の無効　　婚姻が無効となるのは，ⅰ．婚姻意思がないとき，ⅱ．届出をしないときに限られており（742条），民法総則上の無効に関する諸規定の適用が排除されている。なお，届出が証人要件（739条2項）に関する方式を欠くにすぎない場合は，婚姻の効力を妨げられない（742条2号ただし書）。

（ⅱ）婚姻の取消し　　婚姻の取消し事由も制限されており，民法総則上の取消しに関する諸規定の適用が原則として排除される。また，取消しの効果は遡及せず，将来に向かってのみ生ずる（748条1項）。取消しができるのは以下の場合である。

　第一に，上述の婚姻障害事由（婚姻適齢違反，重婚，再婚禁止期間中の婚姻，近親婚）に該当する不適法な婚姻が挙げられる（744条）。

　第二に，詐欺または強迫によって婚姻した場合も取消し事由となる（747条）。

　婚姻の取消しは重要な身分行為であり，その効果を対外的かつ画一的に確定する必要があることから，その方法は家庭裁判所に対する訴えによらなければならない（744条1項，747条1項）。

4. 婚姻の効力

（1）氏の共同

　夫婦は，婚姻の際に定めるところにしたがい，夫または妻の氏を称する（750条）。立法論として選択的夫婦別氏制度が提案されるなど，社会的関心が高まっているが，最高裁は，①氏の変更を強制されない自由は人格権の一内容とまではいえない，②夫婦同氏制それ自体に男女間の形式的不平等が存在するわけではなく，合理性や一定の意義が認められている，③氏を改めた者の不利益は通称使用により一定程度緩和されることなどを理由として，現行の夫婦同氏制を合憲と判断した（最大判平成27年12月16日民集69巻8号2586頁）。しかしながら，判例が分かれているところであり，今後の動向になお注視する必要がある。

（2）同居義務・協力義務・扶助義務

　夫婦は同居し，互いに協力し扶助しなければならない（752条）。同居義務と協力義務は強制履行になじまないが，金銭的な扶養は家事審判により強制履行の対象となり得る。また，これらの義務違反は離婚原因にもなり得る（770条1項2号，5号）。

（3）夫婦間の契約取消権

　夫婦間でした契約につき，夫婦の一方は婚姻中いつでも取り消すことができる（754条）。その趣旨については，夫婦間においては十分な意思決定の自由に基づかずに契約が締結される場合が多いこと，あるいは，夫婦間の契約は法的拘束になじまないことが指摘されている。しかしながら，十分な意思決定による場合，または関係が破綻している場合などにおいても取消しの自由を認めることが疑問視されており，同条の削除

が主張されている。

5. 夫婦財産制

（1）夫婦財産契約

　夫婦間においても，共同生活のための費用ないし債務の負担，婚姻中に取得した財産の帰属・管理・処分などについて，夫婦財産契約を締結することができる（755条）。もっとも，婚姻の届出までに登記をすることが求められ（756条），前述のように取消しが自由であるなど（754条），利用しにくいとされており，現状ではほとんどの夫婦財産が以下に述べる法定財産制に拠っている。

（2）婚姻費用の分担

　婚姻費用とは，夫婦およびその子の共同生活にとって必要な費用をいい，夫婦は，その資産，収入その他一切の事情を考慮して分担すべき義務を負う（760条）。

　夫婦の関係が破綻している場合であっても，婚姻関係が継続している限り分担義務を免れないのが原則であるが，下級審決定には，有責配偶者からの費用請求を権利濫用にあたるとして否定したものがある（東京高決昭和58年12月16日家月37巻3号69頁）。

（3）日常家事債務

（ⅰ）意義　　夫婦の一方が，日常の家事に関する法律行為により債務を負担した場合，他の一方も連帯してその責任を負う（761条）。夫婦であっても別個の人格であるから，債務も別個独立に負担すべき旨が原則であるが，共同生活に必要な債務負担については夫婦間の公平を図る必要があるためである。判例は，同条により，日常家事の法律行為につき

夫婦相互間に法定の代理権が授与されたものと解している（最判昭和44年12月18日民集23巻12号2476頁）。

　日常家事に関する法律行為が具体的に何を指すかについては，法律行為の種類・性質および，夫婦の共同生活における内部的事情および個々の行為の目的を考慮して個別具体的に判断される（前掲・最判昭和44年12月18日）。

（ⅱ）**表見代理との関係**　何が日常家事に関する法律行為にあたるかについては予め一義的に画定できないため，相手方が日常家事に属する行為であると信じて取引したところ，実はその範囲外であったという場合は，取引安全が害される。そこで，761条に基づく法定の代理権を基本代理権として表見代理（110条）が成立しないかが，問題となる。判例は，意思に基づく代理権が何ら授与されていない場合においてこれを広く認めると，夫婦間の財産的独立が害されるおそれがあるとして，単に代理権があると信じただけでなく，当該行為が日常家事に関する法律行為の範囲内に含まれると信じたことにつき正当な理由が認められる場合に限り，110条が類推適用される旨を示した（前掲・最判昭和44年12月18日）。

（4）夫婦別産制

　上記の日常家事に関する債務負担を例外として，夫婦の財産的独立が法定財産制の原則である。これを夫婦別産制という。そのため，夫婦の一方が婚姻前から有する財産および，婚姻中に自己が取得した財産は，同人が単独で有する特有財産となる（762条1項）。夫婦のいずれに属する特有財産なのかが明らかでない夫婦財産については，共有に属するものと推定される（同条2項）。

　もっとも，財産形成に関する夫婦の関与のあり方が変容するにともな

い，特有財産をどこまで積極的に認めるべきか，共有持分の決定に際して夫婦間の実質的公平をいかにして確保すべきかをめぐり，さまざまな議論が行われている。

6. 離婚の手続

（1）協議離婚

夫婦はその協議により離婚をすることができる（763条）。その要件は婚姻に準じて，①離婚意思の存在および，②離婚の届出である（764条，765条）。協議が調わないにもかかわらず勝手に離婚の届出が行われることを防止するため，離婚届不受理申出制度が法制化されている（戸籍法27条の2）。

（2）調停離婚・審判離婚

離婚に関する協議が調わない場合，その夫婦はただちに訴えを提起して裁判離婚のための手続へと移行することができるわけではなく，その前に家庭裁判所に調停の申立てをしなければならない（家事事件手続法257条）。これを調停前置主義という。調停では，離婚に関する合意のほか，財産分与，慰謝料，子の養育費・面会交渉などに関する調整が行われる。

家庭裁判所は，調停が成立しない場合において相当と認めるときは，調停に代わる審判をすることができる（同法284条）。

（3）裁判離婚

（ⅰ）要件　離婚の訴えを提起することができるのは，次の場合に限られる（770条1項）。①配偶者に不貞行為があったとき，②配偶者から悪意で遺棄されたとき，③配偶者の生死が3年以上明らかでないとき，

④配偶者が強度の精神病にかかり，回復の見込みがないとき，⑤その他婚姻を継続し難い重大な事由があるとき，である。なお，裁判所は，これらの離婚事由に該当する場合であっても，一切の事情を考慮して婚姻の継続を相当と認めるときは，離婚請求を棄却することができる（同条２項）。

　婚姻関係を継続し難い事由の有無については，一方配偶者の有責性が破綻の原因となったことを求める有責主義と，破綻の有無自体を重視する破綻主義の２つの考え方があり，上記の①②は有責主義，③④⑤は破綻主義の観点に立つものである。

（ⅱ）**有責配偶者からの履行請求**　　不貞行為は裁判上の離婚事由であるが，これを行った側の有責配偶者からの離婚請求を認めてよいか。判例は当初，破綻の原因を作出した側による離婚請求は保護に値せず，相手方配偶者に二重の苦痛を与えるとしてこれを否定する見方を示したが（最判昭和27年２月19日民集６巻２号110頁），その後，別居期間が長く未成熟の子もいない場合において，婚姻関係が破綻して回復の見込みがないのであれば，相手方配偶者が離婚によって苛酷な状態に置かれるなど，著しく社会正義に反するような特段の事情がない限り，有責配偶者の請求だからといって否定すべきではないと判示するに至った（最大判昭和62年９月２日民集41巻６号1423頁）。

7.　離婚の効果

（1）氏の回復

　婚姻によって氏を改めた夫または妻は，婚姻前の氏に復する（767条１項）。その場合であっても，離婚の日から３か月以内に戸籍法の定めるところにしたがって届出をすることにより，離婚の際に称していた氏を称することもできる（同条２項）。

（2）財産分与

　離婚当事者の一方は，相手方に対して財産分与を請求することができ
る（768条 1 項）。離婚に伴う財産分与の目的として， i ．夫婦財産の清
算分配（清算的要素）， ii ．離婚後における一方当事者の生計維持（扶
養的要素）， iii ．慰謝料的要素が挙げられる。判例は，財産分与におい
て精神的損害に対する賠償が十分でなかった場合は，財産分与とは別個
に有責配偶者に対する慰謝料請求をすることも妨げられない旨を示した
（最判昭和46年 7 月23日民集25巻 5 号805頁）。

> **Column**
>
> ### 内縁関係に対する法的保護
>
> 　婚姻意思と共同生活という夫婦としての社会的実体を有しなが
> ら，届出要件を欠くために法律婚とは認められない男女関係を，内
> 縁または事実婚という。判例は，婚姻に準ずる関係として，不当破
> 棄に対する損害賠償責任および，婚姻費用の分担に関する760条の
> 準用など，これに一定の法的保護を与えている（最判昭和33年 4 月
> 11日民集12巻 5 号789頁）。しかしながら，どこまで法律婚に引き寄
> せて扱うべきかについては議論がある。内縁関係の解消において判
> 例は，離婚の場合における財産分与の規定に関する類推適用を示唆
> しつつも，死別の場合における生存内縁配偶者の相続権および，財
> 産分与請求権については否定した（最判平成12年 3 月10日民集54巻
> 3 号1040頁）。
>
> 　夫婦関係の実態に即して法律婚との差異を縮小すべきか，自由意
> 思によって法律婚を選択しなかった点を重視して一線を画すべき
> か，検討を要する難問である。

（3）子の監護

協議離婚においては，子の監護をすべき者，父または母との面会交流，養育費の分担その他子の監護に必要な事項について協議しなければならず，その際には，子の利益を最優先して考慮することが求められる（766条1項）。協議が調わないときまたは協議することができないときは，家庭裁判所が上記の事項について定める（同条2項）。

親権者については，協議離婚の場合は協議により，裁判上の離婚の場合は家庭裁判所により，父母の一方を親権者と定めなければならない（819条1項，2項）。なお，家庭裁判所は，必要と認めるときは，父母のうち一方を親権者，他方を監護者と定めることができる（766条3項）。

8. 親子

（1）実親子

（ⅰ）嫡出子　　母との親子関係は分娩の事実（最判昭和37年4月27日民集16巻7号1247頁）または懐胎・出産（最決平成19年3月23日民集61巻2号619頁）によって当然に生じるが，父子関係については，身分関係の早期安定化を図るために，その子の母との婚姻関係の有無を基準として法定されている。第一に，妻が婚姻中に懐胎した子は，夫の子と推定される（772条1項）。第二に，すでに触れたが，婚姻成立の日から200日経過後に生まれた子または，婚姻解消もしくは取消しの日から300日以内に生まれた子は，婚姻中に懐胎したものと推定される（同条2項）。これを嫡出推定という。ただし，これはあくまで推定であるから，反対事実の証明によってくつがえすことができるが，子の身分関係の法的安定を保持するため，その方法は厳格である。すなわち，嫡出否認の要件は，①夫が否認すること（774条），②子または親権を行う母に対する嫡

出否認の訴えによって行うこと（775条），③子の出生を知った時から1年以内に訴えを提起すること（777条）である。

親子関係の有無を自然的血縁関係と結びつける考え方につき，近年では，卵子提供による体外受精や代理懐胎などの生殖補助医療の進歩により，見直しの必要性が指摘されている。

（ⅱ）嫡出推定と親子関係不存在確認の訴え　嫡出否認の訴えによらずに親子関係を否定する方法として，親子関係不存在確認の訴え（人事訴訟法2条2号）がある。

第一に，婚姻成立日から200日経過前に生まれた子は嫡出推定されないにもかかわらず，戸籍実務では婚姻後に生まれた子は嫡出子として扱われるため（推定されない嫡出子），このような場合において機能する。

第二に，形式的には嫡出推定がはたらく場合であっても，夫の長期不在や別居などにより，夫による懐胎が不可能であることが明らかと認められる事情があるときは，嫡出推定の前提に欠けるため，推定の及ばない嫡出子として，親子関係不存在確認の訴えにより父子関係の存否を争うことができる（最判平成26年7月17日民集68巻6号547頁）。なお，血液型やDNA鑑定などの科学的根拠に基づく親子関係不存在の認否につき上記の最高裁は否定したが，現在も議論が分かれている。

親子関係不存在確認の訴えは，誰でも提起することができ，また期間制限もない。

（ⅲ）嫡出でない子　婚姻関係にない男女間に生まれた子を，嫡出でない子といい，認知により嫡出子の身分を取得することができる。これを準正という（789条）。認知は父または母がこれを行うことができるが（779条），母子関係は自然的血縁関係の有無によって決定されるため，母の認知は必要ないと解されている。

認知の効力は出生の時に遡って生ずる（784条）。認知の方法には，父

> **Column**
>
> ### 嫡出推定に関する法改正の動き
>
> 　離婚と再婚の増大化などにともない，近年では次のような問題が深刻化している。すなわち，現行法上，婚姻中および離婚後300日以内に生まれた子につき嫡出推定がはたらき，かつ，嫡出否認の訴えができるのは夫のみであることから，離婚協議の長期化または再婚直後に新たなパートナーとの間に生まれた子を前夫の子として出生届をすることを妻が望まず，「無戸籍の子」が現れる場合が生ずるに至った。そこで，法制審議会・親子法制部会は，2020年2月に，①離婚後300日の推定規定の例外として，再婚後に生まれた子は離婚からの日数を問わず現夫の子と推定する旨の規定の新設，②婚姻後200日に関する推定規定の削除，③再婚禁止期間制度の削除を内容とする法改正の中間試案をとりまとめた。

　の意思に基づく届出による任意認知（779条〜781条）と，任意認知をしないかまたはできない父に対して，子が認知の訴えを提起する方法によって行われる裁判認知（強制認知）がある（787条）。

（2）養子

（ⅰ）普通養子　　実親子関係にない他人の子と養親子関係を形成することを，縁組という。20歳に達した者は養親となる資格を有する（792条〈本条の施行は令和4年4月1日〉）。養子縁組の要件は，ⅰ．縁組意思の存在（802条1号）と，ⅱ．届出（800条，802条2号）であるが，養子となる者が15歳未満であるときは，その法定代理人がこれに代わって縁組の承諾（代諾縁組）をすることができ（797条1項），さらに未成

年者を養子とするには，家庭裁判所の許可を要する（798条）。

　養子は，縁組の日から養親の嫡出子の身分を取得し（809条），養親の親族との間に法定血族関係が生じる。なお，縁組によっても，養子と実親子ならびにその親族との自然的血族関係は継続する。

　養子縁組による親族関係は，離縁によって終了する（729条）。

（ⅱ）**特別養子**　　家庭裁判所は，養親となる者の請求により，実方の血族との親族関係を終了する縁組を成立させることができる（817条の2）。これを特別養子（縁組）という。養子と実親子側の親族関係が断絶される点が，普通養子と異なっている。特別養子は，養子となる者の父母による監護が著しく困難または不適当と認められる場合などにおいて，子の利益のために特に必要があると認められるときに成立する（817条の7）。

　養親となる者は配偶者のある者でなければならず，夫婦の一方のみが養親となることはできない（817条の3）。また，25歳に達していなければならない（817条の4）。15歳に達している者は特別養子となることができない（817条の5）。さらに，特別養子縁組の成立には，原則として養子となる者の父母の同意を要する（817条の6）。

9. 親権

（1）親権者

　未成年の子は父母の親権に服し，親権は，原則として父母が婚姻中は共同して行うが（共同親権），一方が行うことができないときは，他の一方が行う（818条）。

　親権者は，子の利益のために子の監護および教育を行う権利（身上監護権）を有し，義務を負うとともに（820条），子の財産の管理および財産に関する法律行為の一切について包括的な法定代理権を有する（824

条）。このほか，身上監護権を適切に行使するために，居所の指定（821条），監護および教育に必要な懲戒（822条），職業の許可（823条）が親権に含まれる。

（2）　親権の喪失・停止

　父または母による虐待もしくは悪意の遺棄があるときその他親権の行使が著しく困難または不適当であることにより，子の利益を著しく害するときは，家庭裁判所は，利害関係人または検察官の請求により，親権喪失の審判をすることができる（834条）。

　父または母による親権の行使が困難または不適当であることにより子の利益を害するときは，家庭裁判所は親権停止の審判をすることができる（834条の2）。

　父または母による管理権の行使が困難または不適当であることにより子の利益を害するときは，家庭裁判所は管理権喪失の審判をすることができる（835条）。

（3）　未成年後見人・後見監督人

　未成年者に対して親権者がいないとき，または親権者が管理権を有しないときは，未成年後見人が付される（838条1号）。未成年後見人は，最後に親権を行う者の遺言により指定することができるが（839条1項），未成年後見人の指定がない場合，利害関係人の請求により家庭裁判所がこれを選任する（840条）。

198

参考文献

・窪田充見『家族法〔第4版〕』(有斐閣, 2019年)
・前田陽一, 本山敦, 浦野由紀子『民法Ⅵ　親族・相続〔第5版〕』(有斐閣, 2019年)
・松川正毅『民法　親族・相続〔第6版〕』(有斐閣, 2019年)

15 | 相続と法

《**目標＆ポイント**》 民法典第５編相続編の中から，近年の法改正を含む主要な制度を取り上げて解説する。相続法の現状と課題を理解することが求められる。
《**キーワード**》 法定相続分，指定相続分，特別受益，寄与分，具体的相続分，遺産分割，相続放棄，遺言，遺贈，配偶者居住権，遺留分

1．相続の必要性

　人は死亡により財産上の権利義務の帰属主体としての地位（権利能力）を失い，その承継のために，当然かつただちに相続が開始する（882条）。私たちにとって相続は避けて通れない局面であるが，これを契機として親族間に深刻な紛争が生じることも少なくない。そのため，相続のしくみを理解する必要がある。相続には，法律が定めるところにしたがって行われる法定相続と，被相続人の意思に基づく遺言相続がある。

2．法定相続

（1）相続人
（ⅰ）**血族相続人**　　血族のうち相続人となる者についてはその順位が定められている。
●**第１順位**　　被相続人の子が第１順位となる。同人が死亡その他の事由により相続権を失ったときは，その子が代襲相続する（887条２項）。

なお，胎児はすでに生まれたものとみなされ，相続人となる（886条1項）。

● 第2順位　第1順位の相続人がいない場合は，直系尊属が第2順位となる。親等が異なる者の間では近い者が優先する（889条1項1号）。たとえば，母と父方の祖父母では，母が優先する。

● 第3順位　兄弟姉妹が第3順位となる（同項2号）。

（ⅱ）**配偶者相続人**　配偶者はつねに相続人となり，その順位は血族相続人と同順位となり，たとえば子が相続人となるときは子と同順位となる（890条）。

（2）相続資格の喪失

（ⅰ）**相続人の欠格事由**　相続人となり得る者であっても，他の共同相続人を故意に死亡させたり，遺言の作成等に不当に関与するなど，著しい非行があった者は，相続資格を剥奪される（891条）。

（ⅱ）**相続人の廃除**　相続人となり得る者であっても，被相続人に対して虐待または重大な侮辱を加えるか，もしくは著しい非行があったときは，被相続人は家庭裁判所にその者の廃除を請求することができる（892条）。遺言による廃除もできる（893条）。

（3）相続分

（ⅰ）**法定相続分**　相続人が数人あるとき（共同相続）において，各共同相続人の相続分は次のように定められている（900条）。

①子および配偶者が共同相続した場合，子（複数存するときは全員あわせて）と配偶者の相続分は各2分の1となる（同条1号）。

②配偶者および直系尊属が共同相続した場合，配偶者の相続分は3分の2，直系尊属の相続分は3分の1となる（同条2号）。

　③配偶者および兄弟姉妹が共同相続した場合，配偶者の相続分は４分の３，兄弟姉妹の相続分は４分の１となる（同条３号）。

　④子，直系尊属，兄弟姉妹が複数存する場合，各人の相続分は相等しいものとなるが（同条４号本文），父母の一方のみを同じくする兄弟姉妹の相続分は，父母の双方を同じくする相続分の２分の１となる（同号ただし書）。複雑な例となるが，たとえば，父Ａ・母Ｂの子にＣとＤがおり，ＡがＥと再婚してから生まれたＦがいる場合において，Ｃが死亡してＤとＦが共同相続したとき（ＡとＢはすでに死亡），Ｆの相続分はＤの半分となる。

（ⅱ）指定相続分　　被相続人は遺言により，法定相続分と異なる割合において相続分を指定することができる（902条）。

（4）特別受益者の相続分

　共同相続人の中に被相続人から特別に利益を受けた者がいるときは，かかる利益を含めて各人の相続分を算定するのが，共同相続人間の実質的公平に適う。そこで，共同相続人中に遺贈（遺言による贈与）を受け，または婚姻等のためもしくは生計の資本として生前贈与を受けた者があるときは，これらを特別受益として，相続開始時において被相続人が有していた財産の価額にその贈与の価額を加えたものが相続財産とみなされ，法定相続分の中からその遺贈または贈与の価額を控除した残額をもってその者の相続分とされる（903条１項）。

　たとえば，Ａが死亡してその子であるＢ・Ｃ・Ｄがこれを相続し，相続開始時におけるＡの遺産価額が4000万円であったところ，その前に，Ｂは結婚する際に持参金として500万円を与えられ，Ｃは事業を始める際に1000万円の贈与を受け，そしてＤは500万円の借財を肩代わりしてもらっていたという場合，相続財産は4000万円＋（500万円＋1000万円＋

500万円）＝6000万円とみなされ，Ｂの相続分は6000万円×３分の１－500万円＝1500万円，Ｃの相続分は6000万円×３分の１－1000万円＝1000万円，Ｄの相続分は6000万円×３分の１－500万円＝1500万円と算定される。

遺贈または贈与の価額が相続分の価額に等しいかまたはこれを超えるときは，受遺者または受贈者はその相続分を受けることができない（同条２項）。

特別受益者の相続分につき被相続人が上述の規定と異なる意思を表示したときは，その意思にしたがう（同条３項）。

（5）寄与分

特別受益者とは反対に，共同相続人の中に，被相続人の事業に対する労務の提供または財産の給付，療養看護等により，その財産の維持もしくは増加について特別に寄与をした者がある場合においても，相続人間の実質的公平を図るべきである。そこで，これらを寄与分として，相続開始時において被相続人が有していた財産の価額にその寄与分（共同相続人間の協議によって定める）を控除したものが相続財産とみなされ，法定相続分に寄与分を加えた額をもってその者の相続分とされる（904条の２第１項）。上記の協議が調わないとき，または協議をすることができないときは，寄与者の請求により，家庭裁判所が，寄与の時期，方法および程度，相続財産の額その他一切の事情を考慮して寄与分を定める（同条２項）。

Ａ（遺産総額4000万円）が死亡して子Ｂ・Ｃ・Ｄが相続人となり，Ｂに1000万円の寄与分が認められた場合，相続財産は4000万円－1000万円＝3000万円とみなされ，Ｂの相続分は3000万円×３分の１＋1000万円＝2000万円，Ｃ・Ｄの相続分はそれぞれ3000万円×３分の１＝1000万円と

算定される。

　以上のように，法定相続分または指定相続分に対して，特別受益および寄与分の評価によって個別に調整された相続分を，具体的相続分という。これが，以下に述べる遺産分割によって相続財産を分配する際の基準となる。

（6）特別の寄与

　相続人以外の者が被相続人の療養看護等に努めたとしても，上記の寄与分の対象者ではない。そこで，さらに実質的公平を図り，相続をめぐる紛争の長期化を回避するため，2018年改正により，共同相続人の一人の配偶者など被相続人の親族のうち特別寄与者にあたる者は，相続人に対して特別寄与料の支払を請求することができる（1050条1項）。特別寄与料の額につき，家庭裁判所は，寄与の時期，方法および程度，相続財産の額その他一切の事情を考慮して定める（同条3項）。

3. 相続の効力

（1）一般的効力

（ⅰ）原則　　相続人は，相続開始の時（被相続人の死亡時）から，相続財産に属する一切の権利義務を包括承継する（896条本文）。

（ⅱ）例外・1　　一身専属権は相続の対象とならない（同条ただし書）。一身専属権とは，権利者の人格または地位と密接に結びついており，もっぱらその者に帰属・行使させることによってのみその目的が達成される権利をいう。親権や年金受給権，生活保護受給権などがこれにあたる。

（ⅲ）例外・2　　系譜，祭具および墳墓の所有権は，慣習にしたがって祖先の祭祀を主宰すべき者が承継する。ただし，被相続人の指定があ

204

ればそれにしたがう（897条1項）。

（2）遺産分割

（i）**意義**　共同相続においては，被相続人の死亡によりただちに相続財産（遺産）は共同相続人の共有に属し，共有持分は法定相続分にしたがう（898条，899条）。もっとも，すべての遺産をいつまでも相続人全員の共有状態にしておかなければならないわけではなく，最終的には遺産共有を解消するとともに，個々の遺産を各相続人に分配・帰属させるのが通常である。その方法が遺産分割である。

（ii）**遺産分割の基準**　遺産分割は，遺産に属する物または権利の種類および性質，各相続人の年齢，職業，心身の状態および生活の状況その他一切の事情を考慮して行わなければならない（906条）。

（iii）**遺産分割の方法**　被相続人は，遺言によって遺産分割の方法を定めること（遺産分割方法の指定）ができる（908条）。また，共同相続人は，被相続人が遺言でこれを禁じた場合または，分割をしない旨の契約をした場合を除き，いつでも遺産分割に関する協議（遺産分割協議）を行うことができる（907条1項）。遺産分割協議が調わないとき，または協議をすることができないときは，各共同相続人は，家庭裁判所に分割を請求することができる（同条2項）。この場合は調停あるいは，調停が調わないときは審判による遺産分割となる。

（iv）**遺産分割の効力**　遺産分割は，相続開始の時に遡ってその効力を生ずる（909条）。これを遺産分割の遡及効という。

（v）**遺産分割の対象**　かつて判例は，金銭債権は相続開始と同時に当然に相続分にしたがって各相続人に分割帰属し，遺産分割の対象とならないと解しており（最判昭和29年4月8日民集8巻4号819頁），預貯金債権についてもこの理を採用していた（最判平成16年4月20日裁判集民事

214号13頁）。ところが，金融実務においては，金融機関が各相続人の法定相続分に応じた個別の払戻請求に応じず，相続人全員による請求を求める場合が多いなどの不都合が指摘されていた。

　これに対しては，その後最高裁が上記の判例法理を変更して預貯金債権を遺産分割の対象とする旨の司法判断を行い（最大決平成28年12月19日民集70巻8号2121頁），さらに2018年改正により，遺産分割前であっても，相続人の当面の生計費や葬式費用などとして必要と認められる緊急の場合，各相続人は法定相続分に応じて単独で預貯金の払戻請求をすることができる旨の規定が新設された（909条の2）。

> ### Column
>
> #### 所有者不明土地問題と民法改正
>
> 　所有者が必要としていない土地を長らく放置したまま死亡して相続が開始し，遺産分割がされずにさらに相続を重ねて複雑な共有関係が生じるに至り，そのために土地を適切に管理・処分すべき所有者を特定できず，また所在不明の状態に陥った「所有者不明土地」が社会問題化している。
>
> 　この問題につき，冒頭で紹介したが，2021年4月に民法および不動産登記法改正等に関する法律が成立し，所有者不明土地の防止および解消のために，相続登記申請義務や，遺産分割に関する期間制限（10年）が明文化された。このほか，特定の土地のみを対象とする不在者および不明相続人の財産管理制度の新設，共有者の一部が不明な土地の管理・処分を円滑化するための共有制度の見直し，相続または遺贈によって取得した土地所有権の国庫帰属の承認に関する制度化なども行われており，所有者不明土地問題は民法全体に関わる総合・応用問題となっている。

4．相続の承認・放棄

（1）相続の承認

（ⅰ）当然承継と相続人の自由　　上述したように，相続は当然に被相続人の権利義務に関する包括承継をもたらすものであるが，相続人はこれを強制されず，相続するかしないかに関する各相続人の自由が尊重されている。相続に関する認否の方法は，単純承認，限定承認，放棄の3つに分かれる。相続人は，自己のために相続が開始したことを知った時から3か月以内に，上の3つのうちいずれかを行わなければならない（915条1項）。かかる期間内において相続人は，相続財産の調査をすることができる（同条2項）。これを熟慮期間という。

（ⅱ）単純承認　　相続人が単純承認をしたときは，無限に被相続人の権利義務を承継する（920条）。また，相続人が上記の法定期間内に明示的に承認しない場合であっても，ⅰ．相続財産の全部または一部を処分したとき，ⅱ．法定の期間内に限定承認または相続の放棄をしなかった場合，ⅲ．限定承認または放棄をした後で相続財産の全部または一部を隠匿・消費等したときは，単純承認を行ったものとみなされる（921条）。これを法定単純承認という。

（ⅲ）限定承認　　遺産のうち負債の額が積極財産を上回る場合などにおいて，相続人は積極財産の限度で相続することができる。すなわち，相続人は，相続によって得た財産の限度においてのみ被相続人の債務または遺贈を弁済すべきことを留保して，相続の承認をすることができる（922条）。ただし，共同相続の場合は相続人全員でなければ限定承認をすることができず（923条），かつ，上記の法定期間内に，相続財産の目録を作成して家庭裁判所に申述しなければならない（924条）。

（2）相続の放棄

　相続を放棄する者は，上記の法定期間内に家庭裁判所に申述しなければならない（938条）。相続の放棄をした者は，その相続に関しては，初めから相続人でなかったものとみなされる（939条）。相続放棄は遺産の放棄にとどまらず，相続人そのものの地位を失わせる身分行為である。

5.　遺言

（1）総説

（ⅰ）**遺言の自由と方式性**　　遺産の帰属は，被相続人の意思に基づいて決定することができる。その方式が遺言である。遺言は法律行為であり，遺言をするかしないか，どのような内容においてこれをするかは自由であるが，死亡後にその意思を確認することができないことから，遺言者の最終意思を確保するために，民法が定める厳格な方式にしたがうことが求められる（960条）。したがって，遺言は要式行為である。

（ⅱ）**遺言能力**　　15歳に達した者は遺言をすることができるが（961条），遺言をする時において遺言能力を有していなければならない（962条）。なお，成年被後見人が事理弁識能力を一時的に回復した時において遺言をするには，医師2人以上の立会いを要し，立ち会った医師は，遺言者が遺言をする時において事理弁識能力を欠く状態になかった旨を遺言書に付記してこれに署名し，印を押さなければならない（973条）。

（2）遺言の方式

（ⅰ）**自筆証書遺言**　　自筆証書遺言をするには，遺言者が，その全文，日付および氏名を自書し，これに印を押さなければならない（968条1項）。ただし，自筆証書に相続財産の目録を添付する場合，その目録については自書することを要しないが，当該目録の毎葉に遺言者が署名し

て印を押さなければならない（同条2項）。自筆証書および目録の加除・変更は，遺言者がその場所を指示し，変更の旨を付記して特にこれに署名し，かつ変更場所に印を押さなければ，その効力を生じない（同条3項）。

（ⅱ）公正証書遺言　　公正証書遺言をするには，①証人2人以上の立会い，②遺言の趣旨に関する遺言者による公証人に対する口授，③公証人による口述の筆記および遺言者に対する音読または閲覧，④遺言者および証人による内容の承認および署名（遺言者が署名することができない場合は公証人による代行）ならびに押印，⑤遺言が適式なものである旨に関する公証人の付記および署名ならびに押印，がその要件となる（969条）。

（ⅲ）秘密証書遺言　　秘密証書遺言をするには，①遺言者による署名および押印，②遺言者による封書および証書に用いた印章による封印，③遺言者による公証人および2人以上の証人への面前提出ならびに，自己の遺言書である旨および筆者の氏名・住所の申述，④公証人による提出日付および遺言者の申述の封紙への記載ならびに署名押印が，その要件となる（970条）。

　上記の方式に欠ける秘密証書遺言であっても，自筆証書遺言に必要な方式を具備しているときは，自筆証書遺言として有効となる（971条）。

　なお，未成年者および，推定相続人・受遺者およびその配偶者ならびに直系血族，公証人の配偶者，4親等内の親族，書記および使用人は，上記の証人および立会人となることができない（974条）。

（ⅳ）特別法式による遺言　　疾病その他の事由によって死亡の危急に迫った者が遺言をしようとするときは，証人3人以上の立会いをもって，その一人に遺言の趣旨を口授する方法によってこれを行うことができる（976条1項）。ただし，遺言の日から20日以内に，証人の一人また

は利害関係人から家庭裁判所に請求してその確認を得なければ，遺言の効力を生じない（同条 4 項）。

　このほか，伝染病隔離者の遺言（977条），在船者の遺言（978条），船舶遭難者の遺言（979条）がある。

（3）遺言撤回の自由および遺言の取消し

　遺言者は，いつでも，遺言の方式にしたがって，その遺言の全部または一部を撤回することができるとともに（1022条），この撤回権を放棄することができない（1026条）。遺言者の最終意思を尊重するために，可能な限り撤回の自由が認められる。

　遺言が複数存する場合において，前の遺言と後の遺言が抵触するときは，その抵触部分について後の遺言が前の遺言を撤回したものとみなされる（1023条 1 項）。また，遺言者が故意に遺言書を破棄したときも，その破棄部分について遺言を撤回したものとみなされる（1024条）。

　撤回された遺言は，その後撤回行為が撤回（撤回の撤回）されまたは取り消されたとしても，その効力を回復しない。ただし，撤回行為が錯誤，詐欺または強迫を理由として取り消された場合は，この限りではない（1025条）。

（4）遺言の効力

　遺言は，遺言者の死亡の時からその効力を生ずる（985条 1 項）。遺言に停止条件を付けることもでき，停止条件付き遺言は，遺言者の死亡後にその条件が成就した時からその効力が生ずる（同条 2 項）。

（5）遺贈

　遺言により相続財産の全部または一部を他人（受遺者）に無償で与え

る行為を，遺贈という。受遺者は相続人以外の者でもよい。遺贈には，財産の全部または割合をもって示された一部を対象とする包括遺贈と，特定の財産を対象とする特定遺贈の2種類がある（964条）。

（6）遺言の執行

　遺言の保管者は，相続開始を知った後，遅滞なく，遺言書を家庭裁判所に提出してその検認を請求しなければならない（1004条1項）。

　その上で，遺言の執行により，遺言内容の実現のための手続が行われる。遺言執行者の決定方法は3種類あり，ⅰ．遺言者が遺言で指定する場合（1006条1項），ⅱ．遺言者が遺言で第三者に指定を委託し，その第三者が指定する場合（同条1項〜3項），ⅲ．相続人などの利害関係人の請求により家庭裁判所が選任する場合（1010条）に分かれる。

　遺言執行者は，遺言の執行に必要な範囲において，一切の行為をする権利義務を有する（1012条1項）。

6．配偶者居住権

（1）意義

　高齢化が進む社会においては，被相続人所有の建物に同居していた配偶者が，その後さらに長期間にわたって生活を継続する場合が少なくないが，住み慣れた居住環境をいかに確保するかが問題となるに至った。従来は，遺産分割によって居住建物の所有権を取得するか，または，同建物の所有者となった者との間で賃貸借契約を締結する等の方法が考えられたが，前者では，居住建物が高額であった場合に配偶者が他に十分な遺産（預貯金など）を取得できなくなるおそれがあり，後者に関しては，望ましい条件で賃貸借が行われる保証がないことなどが課題とされていた。そこで，配偶者の居住建物に関する無償の使用収益権（所有権

ではなく）を手当てするために，2018年改正により新設されたのが，配偶者居住権制度である。

（2）要件・効果

　被相続人の配偶者は，被相続人の財産に属していた建物に相続開始の時に居住していた場合において，遺産分割または遺贈により配偶者居住権を取得したときは，その居住建物を無償で使用収益することができる（1028条1項）。配偶者居住権の存続期間は，遺産分割協議または遺産分割審判において別段の定めがない限り，配偶者の終身の間とされる（1030条）。配偶者は，配偶者居住権を譲渡することができず（1032条2項），居住建物の所有者の承諾を得なければ，建物の改築もしくは増築をし，または第三者に居住させることはできない（同条3項）。

（3）配偶者短期居住権

（ⅰ）**意義**　　被相続人の死亡後に残された配偶者が上記の配偶者居住権を取得しなかった場合，居住建物の所有者に対してただちに明渡しをしなければならないというのは，配偶者にとって過大な負担となる。そこで，新たに制定されたのが，配偶者短期居住権制度である。

（ⅱ）**要件・効果**　　被相続人の財産に属していた建物に相続開始の時に無償で居住していたときは，その居住建物の所有権を相続または遺贈により取得した者に対して，6か月経過するまで無償で使用する権利を有する（1037条1項）。

7. 遺留分

（1）意義

　被相続人が遺産に含まれる財産を遺言などによって処分するのは自由

であるが，相続人は遺産に対して一定の割合につき遺留分を有しており，これを害することができない。遺留分は，被相続人の処分の自由と，相続人の生活保障あるいは，遺産の形成に寄与した相続人の利益との調和を図るための制度である。

　すなわち，兄弟姉妹以外の相続人は，遺留分を算定するための相続財産の価額に，法定の割合を乗じた額につき，遺留分を有する（1042条1項柱書）。遺留分算定の基礎となる財産の価額は，被相続人が相続開始の時において有した財産の価額にその贈与した財産の価額を加えてから債務の全額を控除した額となる（1043条1項）。遺留分は，その額に，ⅰ．直系尊属のみが相続人である場合は3分の1，ⅱ．それ以外の場合は2分の1を乗じた額となる（1042条1項1号，2号）。なお，共同相続の場合は，これらに各相続人の法定相続分を乗じた割合となる（同条2項）。

（2）遺留分侵害額請求権

　被相続人が上記の遺留分を侵害する遺贈または贈与を行った場合，遺留分の限度でそれが無効となるのではなく，遺贈または贈与は有効としつつ，遺留分権利者は，受遺者または受贈者に対して，遺留分侵害額に相当する金銭の支払を請求することができる（1046条1項）。遺留分制度が，遺留分権者の生活保障や遺産形成への寄与に対する清算を目的とするものであることに基づいている。

参考文献

・窪田充見『家族法〔第 4 版〕』（有斐閣，2019年）

・前田陽一，本山敦，浦野由紀子『民法Ⅵ　親族・相続〔第 5 版〕』（有斐閣，2019年）

・松川正毅『民法　親族・相続〔第 6 版〕』（有斐閣，2019年）

索引

●配列は五十音順。

著者紹介

武川　幸嗣（むかわ・こうじ）

1966年　東京都に生まれる。
1989年　慶應義塾大学法学部卒業
1994年　慶應義塾大学大学院法学研究科後期博士課程単位取得退学
1995年　横浜市立大学商学部専任講師
1998年　青山学院大学法学部助教授
2003年　慶應義塾大学法学部助教授
2006年　慶應義塾大学法学部教授
現在に至る。

主な著書
　　単著『プラスアルファ基本民法』（日本評論社，2019年）
　　共著『新・マルシェ民法総則』（嵯峨野書院，2020年）
　　　　『民法II　物権〔第3版〕』（有斐閣，2019年）
　　　　『新ハイブリッド民法　新版4　債権各論』（法律文化社，
　　　　2018年）
　　　　『コンビネーションで考える民法』（商事法務，2008年）
　　　　『民法入門　物権法〔第3版〕』（日本評論社，2006年）
　　　　『民法入門　担保物権法〔第3版〕』（日本評論社，2005年）

主な社会活動
　　法学検定試験委員，弁理士試験委員，不動産鑑定士試験委
　　員など歴任。現在は国家公務員試験委員，公認会計士試験
　　委員，行政書士試験委員など。

放送大学教材　1539477-1-2211（ラジオ）

民法

発　行　　2022年3月20日　第1刷

著　者　　武川幸嗣

発行所　　一般財団法人　放送大学教育振興会
　　　　　〒105-0001　東京都港区虎ノ門1-14-1　郵政福祉琴平ビル
　　　　　電話　03（3502）2750

Printed in Japan　ISBN978-4-595-32338-6　C1332